하루 만에 중국통 따라잡기

하루 만에 중국통 따라잡기

초판 1쇄 발행 2018년 5월 23일

지은이 최고봉

펴낸이 김선기
펴낸곳 (주)푸른길
출판등록 1996년 4월 12일 제16-1292호
주소 (08377) 서울특별시 구로구 디지털로 33길 48 대륭포스트타워 7차 1008호
전화 02-523-2907, 6942-9570~2
팩스 02-523-2951
이메일 purungilbook@naver.com
홈페이지 www.purungil.co.kr
ISBN 978-89-6291-451-1 03910

• 이 도서의 국립중앙도서관 출판예정도서목록(CIP)은 서지정보유통지원시스템 홈페이지(http://seoji.nl.go.kr)와 국가자료공동목록시스템(http://www.nl.go.kr/kolisnet)에서 이용하실 수 있습니다.(CIP제어번호: CIP2018014093)

하루
만에
중국통
따라잡기

최고봉 지음

시진핑 집권 2기, 새로운 차이나드림이 시작된다
중국통이 말해 주는 진짜 중국 비즈니스 이야기

푸른길

추천의 글

『하루 만에 중국통 따라잡기』에는 중국 현장에서 발로 뛰며 체험하고 현재도 비즈니스를 진행하고 있는 기자 최고봉의 이야기가 녹아 있습니다. 기자 최고봉은 《아주경제》의 산둥지사장과 특파원을 겸하며 부지런하게 기사를 쓰고, 3만 명이 넘는 독자들에게 중국 관련 메일을 보내는 중국통입니다.

이 책은 그가 중국에서 겪으며 느낀 중국과의 비즈니스부터, 알 것 같다가도 모를 중국인에 대한 내용까지 쉽게 이해할 수 있도록 풀어놓은 '중국 비즈니스 이야기' 책이라고 할 수 있습니다. 또 "로마에 가면 로마법을 따르라"고 하듯이 중국에 가면 중국 문화와 법에 관해 그들의 코드가 무엇인지 알 수 있도록 현지의 목소리를 담고 있습니다.

2018년 3월 시진핑의 집권 2기를 시작으로 새로운 미래를 향해 출발한 중국이 끌고 갈 미래 산업에 대한 이야기도 함께 싣고 있습니다. 비즈니스 현장에서 쓰고 있는 신조어들까지 함께 풀이하여 가장 최근의 중국 소식을 독자들에게 꼭 알리고자 했습니다.

4

따라서 중국 진출을 준비하는 한국 기업이나 기업가, 중국 관련 기업의 실무책임자들에게 필수 불가결한 '핵심 핸드북'으로 이 책을 추천합니다. 또 이 책에 소개된 마화텅 텐센트 회장, 리옌훙 바이두 회장, 마윈 알리바바 회장 등의 이야기는 대한민국의 미래를 이끌어 나갈 꿈나무들과 청년들에게 큰 자극이 될 것이라 확신합니다.

특히 2017년 19차 당대회와 2018년 양회(전국인민대표대회, 전국인민정치협상회의)에서 나온 중국의 향후 10년간의 개혁 방향을 알고 이에 대처해 나가는 데 바이블과 같은 '신(新)중국 지침서'가 될 것입니다.

아주뉴스코퍼레이션 회장

곽영길

들어가는 글

몇 년 전만 해도 중국인 친구들을 만나면 삼성 핸드폰을 사용하고 있다며 핸드폰을 꺼내 자랑하곤 했다. 그러면 옆에 있던 중국인들도 서로 자신의 핸드폰을 보여 주면서 삼성 핸드폰 '헌하오(很好, 좀 좋다)'라며 엄지손가락을 세웠다. 하지만 이제 이런 모습은 보기 힘들다.

얼마 전 행사 만찬장에서 함께 앉은 중국인들에게 삼성 핸드폰을 사용하고 있는지 물어봤다. 필자 빼고 7명이 중국인이었는데 삼성 핸드폰을 사용하는 사람은 한 명도 없었다. 대부분 화웨이 핸드폰을 보여 주며 이제는 화웨이가 '쩐하오(真好, 정말 좋다)'라고 엄지손가락을 치켜세웠다.

중국에 관심 있는 사람들에게 위챗, QQ, 화웨이, 알리바바, 샤오미, 바이두는 낯설지 않은 단어다. 모두 공룡으로 성장하고 있는 중국의 대표 기업들이다. 보통 이 기업들에 대해 몇 마디는 할 수 있어도 자세히 말할 수 있는 사람은 많지 않을 것 같다. 사실 자세히 말할 수 없어도 상관없다. 하지만 현재 중국 경제를 견인해 가는 기업 및 경제인에 대해 스케치 정도는 할 수 있으면 좋겠다. 특히 창업자들의 마인드는 정말 본받고 싶은 부분이 많다.

　그동안 삼성, 현대, LG, SK, 두산, 포스코, 대우 등 대한민국 경제 발전에 큰 역할을 해 온 기업들의 창업자 이야기는 많이 들어 왔다. 또 관련 책들을 찾아보며 이들의 사상과 지혜 그리고 위기 극복 능력 등에 대해 연구하고 벤치마킹하는 사례도 많다. 이제는 바로 옆 동네 중국의 경제를 견인해 가는 기업들과, 중국인들의 마음을 사로잡고 있는 창업자들에 대한 이해가 필요한 시점이다.

　필자도 자료를 모으면서 많은 정보를 접할 수 있었다. 특히 최근 중국 현장에서 직접 들은 신조어는 책을 통해 꼭 소개하고 싶은 내용이었다. 또 중국통들의 이야기와 현재 중국에서 치열한 경쟁을 펼치고 있는 선배들의 조언을 통해 중국 시장으로의 진출을 준비하고 있는 많은 분들에게 현장에서 필요한 부분을 전해드리고 싶었다.

　그래서 이 책에는 중국에 관심 있는 사람들에게 도움이 될 만한 내용을 넣었다. 아주 깊이 들어가지는 않았다. 편하게 읽을 수 있도록 썼다. 그래도 필요한 내용은 다 들어 있다. 꼭 알고 있어야 할 중국 경제에 대한 내용도 두루 담았다.

특히 《아주경제》 20여 명의 중국 전문 기자들이 오랜 시간 연구하고 많은 자료를 바탕으로 작성한 기사들을 많이 참고했다. 모두 조회 수가 많았던 기사들이다. 또 주중 대사관, 총영사관, 코트라, 한국무역협회, 중국 상무부와 각 시정부, 중국 매체 등을 비롯해 중국 현지 전문가의 인터뷰 자료를 많이 활용했다. 중국 전문가를 만나기 위해 5~6시간 차를 타고 이동한 건 매우 흔한 일이었다.

2017년 문재인 대통령의 중국 국빈 방문 이후 한중 경제 교류가 활발해지고 있다. 그동안 가시밭길을 걸으며 마음고생했던 우리 기업들에게도 다시 기회가 오고 있다. 박진웅 주칭다오 한국 총영사는 2018년 1월 중국 웨이하이시에서 열린 한 행사에서 축사를 통해 "신정부 출범 이후 한중 양국 관계가 정상화되어 가고 있는 만큼 올해는 다시 도약하는 한 해가 될 것이라 생각한다"고 말했다.

박 총영사의 말처럼 한중 관계는 빠르게 회복되고 있다. 행사장에서 만난 기업인의 말을 들어 보면 중국 지방공무원들의 태도가 많이 달라졌다고 한다. 부담스러워했던 중국인 친구들도 이제는 먼저 전화를 걸어 한중 관계 개선에 대한 기대감을 보이고 있다. 이제 한중 관계 개선과 함께 거대한 중국 시장에서 우리 기업들의 힘찬 활약을 기대할 때가 된 것 같다.

지난 3월 중국 양회가 폐막하며 본격적인 시진핑 집권 2기가 시작됐다. 중국에 대한 의존도가 높은 한국은 중국 경제가 바라보는 방향을 잘 살펴야 한다. 그동안 우리가 자신 있었던 자동차산업의 중국 내 시장점유율은 2017년 4%대로 급락했고, 스마트폰산업은 1~2%대를 벗어나지 못하고 있다. 그 어느 때보다도 중국에 대한 이해가 깊고 사정에 밝은 사람, 즉 '중국통'이 필요한 상황인 것이다.

요즘 곳곳에 중국통이라 불리는 사람들이 많다. 하지만 한국 사람이 중국의 모든 분야에 정통한 이해를 갖기는 쉽지 않다. 중국에 대해 관심 있고, 알고 싶어 하는 사람들도 많아지고 있다. 이 책의 내용을 숙지한다면 6개월은 만찬 자리에서 자신 있게 이야기를 주도해 나갈 수 있는 '중국통'이 될 수 있을 것이다.

2018년 5월
깊은 밤 퇴근 전
중국 산둥성 사무실에서
최고봉

감사의 글

이 책의 모든 한 꼭지 한 꼭지가 참 귀하다. 왜냐면 한 꼭지의 내용이 만들어지기까지 상상을 초월하는 많은 분량의 번역과 자료 수집이 필요했기 때문이다. 또 중국 상무부를 비롯한 각 지방정부, 기관 등의 방대한 자료들을 활용했다. 무엇보다 많은 분들의 도움이 컸다.

항상 '일보일보(一步一步)', '성심성의(誠心誠意)', '실사구시(實事求是)', '득심득도(得心得道)'를 강조하시며 응원해 주시는 곽영길 아주뉴스코퍼레이션 회장님과 김광현 사장님, 이용웅 대표님, 이상국 대표님 그리고 언제나 신뢰해 주시고 밀어주시는 박소연 이사님과 조윤섭 국장님 및 모든 임직원분들께 진심으로 감사를 드린다.

또 김중근, 최서윤, 박정수, 정광연, 정혜인, 윤이현, 조용성, 배인선, 김근정 기자 등 많은 선후배 기자들이 잉태의 고통과 기쁨을 느끼며 만들어 낸 귀한 기사들이 없었다면 이 책은 나오지 못했을 것이다. 책 출간의 기쁨을 이 선후배 기자들께 모두 드리고 싶다.

이름처럼 밝고 산뜻한 푸른길 출판사 가족들, 특히 김선기 대표님과 편집자 여러분께도 감사를 드린다.

늘 기도해 주시는 부모님과 장인·장모님, 매형 배재원 목사님과 최현정 사모님, 조봉현 중국 연대한인교회 담임목사님과 모든 성도님 그리고 사랑하는 아내 김신애, 아들 지율, 딸 지혜에게 감사의 마음을 전한다. 마지막으로 이 모든 영광을 살아계신 하나님께 돌린다.

차례

제 1 부

중국은 지금… 그 첫 번째

· 제1장 ·

중국 개혁의 4대 키워드

중국은 요즘 중화 민족의 위대한 부흥을 강조하며 아시아를 넘어 유럽, 아프리카, 아메리카 등 전 세계로 영향력을 확대해 나가고 있다. 특히 시진핑 국가주석의 강화된 1인 지배력과 더불어 향후 추진될 주요 정책들에 세간의 관심이 쏠리고 있다. 시진핑 주석 집권 2기의 핵심 국정과제는 빈곤 탈피, 환경오염 개선, 반(反)부패 정책, 국유 기업 개혁 이렇게 4대 키워드로 볼 수 있다.

빈곤 탈피,
다 같이 잘사는 사회 만들기

시진핑 주석은 2017년 성부급(省部級, 장관급) 고위 간부들이 참석한 정책 토론회에서 금융리스크 억제, 환경오염 개선과 함께 빈곤 탈피를 3대 국정과제로 설정했다. 이날 시진핑 주석은 2020년까지 모든 빈곤 퇴치를 선언하고 구제 전략으로 기반 시설 재건, 예산 투입, 금융 개발, 도농(都農) 간 협력 강화 등을 제시했다. 역동적인 정책 추진과 더불어 성과도 가시화되고 있다. 2017년 12월 중국 국무원 발표에 따르면 시진핑 주석이 집권한 지난 2012년 이후 연평균 1400만 명의 중국인들이 빈곤에서 벗어났다.

빈곤 탈피 정책의 첫 시작은 중국의 개혁개방 총설계사인 덩샤오핑(鄧小平)이 1987년에 제시한 샤오캉(小康, 국민 모두 편안하고 풍족한 사회) 정책이다. 당시 덩샤오핑은 공산당 창건 100주년인 2021년에 전면적인 샤오캉 사회를 실현하겠다는 장기 목표를 수립했다.

중국이 샤오캉 사회를 실현하기 위해 고군분투하고 있지만 완전한 빈곤 탈피를 달성하기까지 난관도 적지 않다. 개혁개방의 성공으로 고도의 경제성장은 얻어 냈지만 아직 많은 지역들이 환경적으로 크게 낙후돼 구제책이 작동하기 쉽지 않다는 평가다. 빈곤을 근본적으로 극복하기 위해서는 위생·의료·보험 체계 등 기반 시스템부터 해결해야 할 것이 많다는 지적이 나온다.

아름다운 중국을 위한
환경오염 개선

환경 감독 강화는 시진핑 주석 집권 2기의 핵심 정책기조다. 2017년 5

월 중국 환경보호부 부장인 천지닝을 베이징 시장으로 앉힌 것도 시진핑 주석의 대기오염 해결 의지와 연결된다.

중국 정부는 '스모그 지옥'이라는 오명에서 벗어나기 위해 공해와의 전쟁을 치열하게 벌이고 있다. 2017년 7월 시진핑 주석이 '환경오염 개선'을 금융리스크 억제, 빈곤 탈피와 함께 3대 핵심 국정과제로 제시하면서 중국 정부의 환경 단속이 본격화됐다.

대대적인 단속에 앞서 2015년 1월 1일부터는 중국 역사상 가장 강력한 법으로 평가받는 신환경보호법 시행에 들어갔다. 이에 따라 대기오염방지법, 환경보호세법이 개정됐고 수질오염방지법, 토양오염방지법도 더욱 개선돼 본격적으로 시행됐다.

최근 중국 정부가 내놓은 '2017~2018 대기오염 개선 방안'은 오염의 뿌리를 뽑겠다는 시진핑 주석의 강한 의지를 보여 준다. 석탄 보일러 같은 노후 난방설비 교체, 에너지 구조 개선(석탄에서 천연가스) 등으로 이뤄진 이 방안은 구체적으로 철강, 시멘트, 전해 알루미늄, 휘발성 유기화합물 등 오염 유발 업종이 주 타깃이다. 적발되면 공장 가동 중단은 물론 심한 경우 공장 폐쇄로까지 이어진다.

집권 2기에도 멈추지 않는
반부패 드라이브

시진핑 주석은 지난 2012년 11월 집권 초기부터 반부패 사정 작업에 착수했다. 그리고 '호랑이(고위직 부패 관리)'와 '파리(하위직 부패 관리)', '여우(해외 도피 부패 사범)'를 모두 때려잡는 강력한 반부패 정책은 시진핑 주석 집권 1기의 최대 성과 중 하나로 평가받고 있다. 2017년 10월에 열린 19차 당대회에서 시진핑 주석은 "당내 존재하는 사상, 조직, 행실 불순이 아직 근본적으로 해결되지 않았다"며 전면 종엄치당(從嚴治黨, 엄격한 당 관리)은 영원히 계속될 것이라고 강조했다.

《중국경제보》에 따르면 2012년 18차 당대회 이후 비리 혐의로 면직돼 조사를 받은 성부급 이상 고위 관리는 저우융캉 정치국 상무위원, 링지화 중앙통전부장, 쑨정차이 전 충칭시 당서기 등을 포함해 모두 140여 명에 이른다. 한편 해외로 도피한 부패 공직자를 잡아들이는 이른바 '여우 사냥' 작전으로 최근 몇 년간 은닉 재산 95억 4100만 위안(약 1조 5747억 원)이 환수됐다. 중앙기율위원회의 발표에 따르면 2017년 10월 말까지 90여 개 국에서 총 3587명을 소환했다.

최근에는 국가감찰위원회의 설립과 함께 국가감찰법을 제정하겠다는 청사진을 제시하면서 집권 2기에도 강력한 반부패 정책을 펼쳐 나갈 뜻을 밝혔다.

국유 기업 개혁 가속화,
돈 먹는 좀비 기업 퇴출

중국 정부는 지난 2013년 11월 개최한 공산당 18기 제3차 중앙위원회 전체회의(18기 3중전회)에서 국유 기업 개혁을 경제성장 침체의 돌파구로 제시했다. 중국 국유 기업의 개혁 방향은 인수합병을 통한 대형화와 민간 자본 참여를 통한 혼합소유제 등으로 크게 나뉜다. 중국 정부는 이 중 민간 자본을 국유 기업에 수혈해 재무구조를 개선하고 경영 효율을 높이는 혼합소유제를 적극 추진하고 있다. 2017년 8월 처음으로 알리바바 등 민간 기업들이 통신 분야 국유 기업인 차이나유니콤에 약 13조 원을 투자하며 지분을 인수하는 등 혼합소유제의 첫 시동을 걸었는데 이를 집권 2기에 더욱 확대하겠다는 게 시진핑 주석의 의도로 보인다.

하지만 국유 기업 개혁이 성공할지에 대해 부정적인 견해도 적지 않다. 중국의 국유 기업들이 너무 비대해져 전면적인 수술이 쉽지 않기 때문이다. 그동안 국유 기업을 통해 이익을 독차지해 온 기득권들의 반발도 거세다. 고위 공무원들이 CEO(최고경영자)를 돌아가며 맡았던 관행을 감안할 때 개혁이 결코 쉽지만은 않을 것이라고 중국 내의 전문가들은 평가 내리고 있다.

중국인들에게 국유 기업에 취업했다는 것은 안정적인 삶을 보장받는다는 의미도 있다. 물론 다 그렇지는 않지만 주변의 중국인들을 보면 국유 기업에 취직한 것을 크게 자랑스러워 한다. 한국도 '신의 직장'이라 불리는 곳이 대부분 공공기관이다. 한국 청년들이 공공기관을 신의 직장이라 생각하듯 중국에서도 국유 기업을 신의 직장으로 생각하는 청년들이 많이 있어 보인다.

제2장

중국은 지금 창업 열풍

중국 산둥성 옌타이시에 옌타이한국기업지원센터가 문을 열었다. 옌타이시 정부와 함께 중국 진출을 준비하는 한국의 스타트업 초년생들을 지원하기 위한 곳이다. 이곳은 금융, 회계, 법률 등의 전문가로 이루어진 자문 위원회를 구성해 입주 기업의 중국 진출을 강력히 지원한다. 또 옌타이시 정부와 연계해 한국 기업이 법인을 설립할 시 공상, 외환 관리, 세무, 세관 등의 업무를 대행해 준다. 법인 설립 후에도 법인 유지에 필요한 모든 정보를 제공하고 합법적인 운영이 될 수 있도록 컨설팅을 해 준다. 무엇보다 끌리는 건 중국의 벤처 투자자와 연결해 사업이 실제 진행될 수 있도록 돕는다는 점이다. 얼마 전에는 한중 청년 창업가 교류회를 열기도 했다. 한중 창업 열기가 다시 뜨거워지는 시점이다.

요즘 중국에 부는 창업 열풍도 식을 줄을 모른다. 중국 국가공상행정관리총국이 발표한 2016년 신설 기업 552만 8000개를 기준으로 하루 평균

1만 5100개 기업이 신설된다. 2015년 하루 평균 신설 기업 1만 2000개에 비하면 25% 가까이 증가한 수치다. 창업 열풍이 이처럼 뜨거운 데는 어떤 이유가 있지 않을까? 가장 중요한 건 정부 차원의 아낌없는 지원이다. 취업 장려책으로 창업을 지원하고 있기 때문이다. 중국의 취업난과 낮은 임금도 중국 청년들이 창업 열풍에 가세하는 현실적인 이유 중의 하나다.

창업 열풍에 물꼬를 튼 사람은 리커창(李克强) 중국 총리다. 리 총리는 '대중창업 만중혁신(大衆創業 萬衆革新, 모두 창업하고 혁신하자)' 개념을 제시하며 더 많은 사람들이 창업에 뛰어들도록 장려했다. 이후에도 수시로 현장을 찾아다니며 창업을 독려하고 있다.

중국의 파격적인
창업 장려 정책

중국 정부는 창업 기업에게 벤처캐피털 투자액의 70%에 대한 세금을 공제해 주고 개인에게도 적용하고 있다. 최근에는 5가지 창업 지원 방안을 추가로 발표했다. 기업의 고용촉진 세제 혜택 대상자를 '실업 1년 이상'에서 '실업 반년 이상'으로 늘리고, 대졸자나 실업 등록자가 개인 창업 시 제공하던 세수 감면 혜택을 개인의 독자 기업 창업에까지 확대하는 내용이 포함됐다.

중국에는 머지않아 모든 창업 절차가 서류 한 장으로 가능해지는 시대가 올 것으로 보인다. 리커창 총리가 창업 활성화를 위해 각종 증명서를 하나로 통합하겠다고 밝혔기 때문이다. 멍석을 깔아 줄테니 마음껏 춤을

춰 보라는 것이다. 이에 따라 최근 창업 기업들이 폭발적으로 늘어났다. 이 기업들 중 일부는 세계 수준의 유니콘 기업(기업 가치가 10억 달러 이상인 스타트업)으로 성장해 나가기 위한 발판을 다지고 있다.

청년창업단지도 중국 대륙에 창업 열풍을 일으키는 주역이다. 코트라에 따르면 청년창업단지는 2012년 광저우(廣州)에 처음 설립됐다. 브랜드는 'YOU+'이며, 현재 1선 도시인 8개 성(광저우, 베이징, 상하이, 항저우, 선전, 푸저우, 쑤저우, 청두)에 20개의 청년창업단지가 운영되고 있다. 청년창업단지 1곳에는 평균 200개의 방이 있다. 주거 공간 월세는 방 평수에 따라 1800~5000위안(약 30만~84만 원)이며, 사무 공간 월세는 2500~5000위안(약 41만~84만 원)이다. 별도의 관리비 없이 수도세와 전기세만 월세와 함께 청구된다. 예비 창업자들은 적은 비용으로 주거와 사무 공간을 동시에 해결할 수 있다.

청년창업단지는 커뮤니티처럼 창업을 목표로 하는 사람들이 모여 교류하고 기술적으로 도움을 주고받을 수 있어 예비 창업자들에게 인기가 높다. 실제로 예비 창업자들은 YOU+ 전용 앱을 통해 단지 출입과 월세 지불 등 기본적인 활동을 하는 것 외에도 다른 지역의 창업단지 입주 청년들과 교류할 수 있다. 정보에 목말라하는 예비 창업자들을 위한 배려가 돋보이는 대목이다. YOU+를 설립한 류양(劉洋) 대표도 1999년 동북 지역에서 광저우로 이주했을 때 주거와 친구 교제에서 큰 문제를 겪었다고 한다. 그가 창업단지를 설립하게 된 배경이다. 중국 창업 열풍의 주역인 샤오미(小米)사의 레이쥔(雷軍) 회장은 류양 대표의 계획을 보고 5분 만에 1억 위안(약 168억 원) 투자를 결정했다고 한다.

중국의 실리콘밸리로 불리는 베이징 중관춘(中關村) 창업 거리에는 차

고카페(車庫咖啡)들이 있다. 스티브 잡스가 애플을 차고에서 창업한 것을 벤치마킹한 민간 창업 인큐베이터다. 이곳에는 카페를 사무실처럼 이용할 수 있도록 전기 콘센트와 사무용품이 구비되어 있다. 사용료는 한 달에 100위안(약 1만 7000원)이다.

중국은 이제 곧 서류 한 장으로 창업 절차가 완료된다. 대한민국의 창업 절차는 여전히 복잡하고 까다롭기만 하다. "부러우면 지는 거다"라는 말이 있지만 부러운 건 부러운 거다.

제3장

중국의 콘텐츠는 BAT와 AI 손바닥 안에

한 중국인 친구는 아침에 일어나면 바로 핸드폰으로 위챗(텐센트 산하 SNS)을 확인하고 밤사이에 말을 걸어 온 친구에게 답장을 보낸다. 그리고 전날 밤 구입한 제품이 어디까지 왔는지 타오바오(알리바바 산하 오픈 마켓)에 들어가 확인한다. 그러다가 제품에 대해 궁금한 내용이 있을 때는 바이두(중국의 대표 인터넷 검색엔진)에 들어가 제품을 검색한다. 이 친구의 하루는 BAT(바이두, 알리바바, 텐센트)와 함께 시작한다.

중국의 콘텐츠 시장은
단연 BAT

중국의 IT 거대 기업 BAT는 바로 바이두(Baidu), 알리바바(Alibaba), 텐센트(Tencent)다. 우리가 쉽게 이해하는 바이두는 검색 사이트로, 중국인들은 궁금하거나 알고 싶은 정보가 있으면 바이두에 검색해서 원하는 것을 찾는다. 사이트에 들어갈 때 우리는 보통 인터넷 주소창에 'www. ajunews.com'을 쳐서 들어간다. 하지만 대부분의 중국인들은 바이두에 들어가서 검색창에 '아주경제'를 검색한 후 노출된 정보를 클릭해서 원하는 사이트로 들어간다. 중국에서 바이두는 다오항(導航)이라는 네비게이션 기능으로 운전자들에게도 유용하게 사용되고 있다.

필요한 가전제품부터 생활용품까지 물건을 구매할 때는 모두 타오바오를 이용한다. 과일도 타오바오에서 구매하는 중국인들이 많다. 알리바바의 타오바오는 중국인들뿐만 아니라 한국인들도 많이 사용하고 있다. 한국인들은 필요한 제품을 사진 찍은 후 타오바오에서 검색한다. 사진을 찍어서 타오바오에 검색해 보면 한국에 있는 웬만한 제품은 모두 나온다. 어떤 제품은 한국의 온라인 쇼핑몰보다 저렴하게 구입할 수 있다. 혹시 지금 필요한 물건이 있다면 먼저 한국 쇼핑몰에서 검색한 후, 사진을 찍고 타오바오에 검색해 가격 비교를 해 봐도 좋을 것 같다.

텐센트의 위챗과 QQ는 생활에서도 꼭 필요하고 직장인들에게도 없어서는 안 될 유용한 도구다. 한국인들이 대부분 카톡을 통해 소식과 정보를 나누듯이 중국인들은 위챗을 통해 소통한다. 중국에서는 카톡이 잘 열리지 않기 때문에 중국에 있는 한국인 대부분이 위챗을 사용하고 있다. 위챗은 단순히 소통의 도구로만 사용되는 것은 아니다. 물건을 사거나 식당에 가서 결제할 때도 위챗머니를 통해 돈을 지불할 수 있다. 이 정도 지식은 중국에 살고 있는 사람이라면 사회생활을 하지 않아도 알 만한 내용이다.

한국혁신센터(KIC) 자료에 따르면 바이두는 인공지능, 핀테크와 동일하게 콘텐츠 생태계 구축을 차세대 사업의 핵심 분야로 선정했다. 콘텐츠 생태계 측면에서 아이치이(iQIYI), 바이두뮤직, 하오칸, 바이두지식인 등 바이두 플랫폼과 자회사 콘텐츠 사업의 통합을 통해 가치를 확대하고 있다. 바이두는 차세대 검색엔진을 통해 정보의 흐름을 주도하겠다는 구호를 내걸었으며 경쟁자에 비해 앞선 AI기술과 자금력을 활용해 시장을 창출하고자 한다.

알리바바의 모바일 인터넷 브라우저인 UC브라우저는 현재 제3세계 시장에서 최대 점유율을 기록하고 있다. UC브라우저에서 콘텐츠 육성을 격려하기 위해 만들어진 UC대어 프로젝트는 공전의 히트를 기록했는데 매달 1000개 독립 미디어에게 1만 위안의 상금을 수여하고 있다. 또 알리바바 산하의 투더우왕 샤미뮤직, 알리마마 등과 컬래버레이션을 통한 상업화를 추진하고 있다.

텐센트의 경우 텐텐콰이바오, 위챗 공중계정, QQ칸덴 등의 자사 콘텐츠 플랫폼을 통해 해당 시장에서 빠른 성장을 꾀하고 있다. 2017 텐센트 글로벌 컨퍼런스에서는 '백억 계획'을 발표하면서 창작자들에게 총액 100억 위안과 데이터를 지원할 것이라고 밝힌 바 있다.

이렇듯 BAT는 자본 능력과 콘텐츠 배포 플랫폼을 통하여 콘텐츠 창작자들을 불러들임과 동시에 각기 구축한 생태계를 통하여 본인들의 영향력을 확대하고 있다. 그리고 BAT의 시장 참여는 콘텐츠 시장의 가치를 증명하고 더 많은 자본과 인재를 시장에 끌어들이면서 시장의 활력을 대폭 강화시켰다. 이 결과로 지식 경제, 숏콘텐츠 등 새로운 콘텐츠가 끊임없이 출현하면서 시장은 더욱 커지고 참여자들에게는 더 많은 기회를 안겨다 주었다.

AI가 제공하는
맞춤형 콘텐츠

"당신의 관심사가 오늘의 헤드라인이다." 중국 언론사 진르터우탸오(今日頭條)의 슬로건이다. '오늘의 헤드라인'이라는 의미의 진르터우탸오(이하 터우탸오)는 2017년 가장 주목받은 기업 중 하나다.

터우탸오는 중국의 IT 공룡인 BAT의 후발 주자로 손꼽히고 있다. 일일 독자 6000만 명, 연 매출 2조 원, 기업 가치 15조 원. 모두 창립 5년 만에 터우탸오가 이뤄 낸 성과들이다. 2016년 기준으로 터우탸오의 누적 이용 자는 6억 명을 넘었다. 무려 13억 중국 인구의 절반가량이다. 고사 직전의 상황에 놓인 미디어업계 전반의 위기 속에서 터우탸오가 눈부신 성공을 거둔 비결은 무엇일까.

터우탸오에는 뉴스의 가치를 판단하고 지면이나 웹에 배치하는 전통적 의미의 편집자가 없다. AI(인공지능) 알고리즘이 온전히 편집자를 대신한 다. 기준은 단순하다. 오로지 독자의 관심사다. 터우탸오는 독자가 자주 읽은 콘텐츠를 통해 그의 기호와 취향을 분석한다. 웨이보, QQ 등 독자의 SNS 이용 내역도 동원된다. 이를 바탕으로 독자가 좋아할 만한 콘텐츠를 먼저 큐레이션하는 것이다. 파워블로거가 쓴 기사가 홈페이지 헤드라인 을 장식하기도 한다. 다른 언론과 달리 웹페이지 스크롤이 끝없이 이어진 다. 자연스럽게 이용자들의 콘텐츠 소비 시간이 길어지기 마련이다. 걸러 진 콘텐츠는 스마트폰 앱을 통해 수시로 푸시된다. 볼만한 콘텐츠를 제시 하는 수준을 넘어서 아예 떠먹여 주는 셈이다. 정보가 흘러넘치는 시대의 이용자들에게 누구한테나 똑같은 푸시 알림은 소음이나 다름없다. 그러나 터우탸오는 철저히 개인의 수요에 맞춘 콘텐츠를 제공함으로써 오히려 푸시를 엄선된 정보로 받아들이게 만들었다.

기자도 없다. 터우탸오에서 콘텐츠를 생산하는 이는 기자가 아니라 4800개 이상의 콘텐츠 회사, 64만 명의 1인 미디어, 수십만 개에 달하는 기업·단체다. 기사뿐만 아니라 음악이나 동영상, 보도 자료까지도 다룬다. 이들은 매일 28만 개 이상의 콘텐츠를 생산한다. 터우탸오와 제휴를 맺은 곳 중에는 세계레슬링연맹도 있다.

단순히 플랫폼만 열어 놓은 것은 아니다. 우수한 콘텐츠를 제작할 수 있도록 뒷받침도 하고 있다. 터우탸오는 2017년 12월 12억 위안(약 1970억 원) 규모의 제작 보조금 지원 계획을 발표했다. 2017년 9월에 이어 두 번째 지원이다. '천인만원(千人萬元)' 프로젝트를 통해 1인 제작자 중 1000명을 선정해 매달 1만 위안(약 164만 원)을 보조하기도 한다.

확장성 또한 꾸준히 늘리고 있다. '터우탸오 창작 공간'을 만들고 스타트업업체에 투자하는가 하면 인도 최대의 콘텐츠 플랫폼 데일리헌터, 미국 모바일 영상 제작업체 플리파그램 등을 잇따라 인수하면서 몸집을 불렸다.

터우탸오가 2016년 광고로 번 수익만 100억 위안(약 1조 6700억 원)에 가깝다. 원래 목표치였던 60억 위안도 훌쩍 뛰어넘은 수준으로, 2015년의 30억 위안에서 세 배 넘게 늘어난 액수다. 터우탸오의 기업 가치는 110억 달러로 중국의 신생 유니콘 기업 중 최고 몸값을 기록했다.

얼마나 위협적이었으면 2016년 7월 기준으로 중국 뉴스포털업계 1위인 텐센트 뉴스를 운영하는 텐센트가 80억 달러의 인수 제안을 했다는 소문도 신문을 통해 흘러나왔다. 하지만 터우탸오 창업자 장이밍(張一鳴) 회장은 "QQ와 위챗이라는 거대한 나무 아래 누워 남들 따라하는 건 관심 없다", "회사를 창업한 건 텐센트 임원이 되기 위한 게 아니다"라며 투자를 단호히 물리친 것으로 전해졌다.

1983년생으로 푸젠(福建)성 출신인 장이밍은 중국 명문인 톈진 난카이 대학교에서 소프트웨어 엔지니어 학과를 졸업한 IT 인재다. 어렸을 적부터 유독 신문 읽기를 좋아했던 장이밍은 중학생 시절엔 일주일에 20~30개 신문을 한 글자도 빠뜨리지 않고 정독할 정도였다. 그렇게 신문 읽기를 좋아하던 그는 인터넷이라는 정보의 홍수 시대에 뉴스포털 사이트들의 구닥다리 정보 제공 방식이 불만이었다. 장이밍은 결국 2012년 획기적인 큐레이션 방식의 뉴스포털 진르터우탸오를 창업해 대박을 터뜨렸다.

진르터우탸오는
공룡이 될 수 있을까

일반 언론 매체, 정부기관, 기업 3만 5000개, 1인 미디어 등을 비롯해 유명 블로거 8만 5000개가 모두 터우탸오에 등록돼 있다. 최근엔 숏클립(짧은 동영상)으로까지 영역을 확장하고 있다. 터우탸오는 2016년 9월 텐센트의 PC 메신저 QQ와 공동으로 숏클립 사업에 10억 위안을 투자하기로 했다. 이어 같은 해 10월 인도 최대의 뉴스영상포털인 데일리헌트를 2500만 달러에 인수하는 등 일본, 동남아, 북미, 브라질에서 사업을 확대하고 있다. 2017년 2월엔 미국의 플리파그램도 수천억 달러를 들여 인수했다. 지난 2013년 미국에서 시작된 플리파그램은 자신의 사진과 영상을 배합해 숏클립 영상을 만들어 올릴 수 있는 동영상 창작 애플리케이션업체다.

이로써 터우탸오는 중국의 모바일 뉴스 앱 순위에서 텐센트 뉴스를 뛰어넘어 업계 1위로 자리매김했다. 하지만 터우탸오의 패기는 여기서 그치지 않는다. 터우탸오는 하루 방문자 수를 1억 5000만 명까지 늘려 중국에서 최대 방문자 수를 자랑하는 인터넷 사이트로 만들 심산이다.

앞날이 밝기만 한 것은 아니다. 중국 당국과의 갈등 때문이다. 콘텐츠 생산은 물론 편집에 어떠한 개입도 하지 않는 특유의 방침으로 인해 터우탸오에는 불량 콘텐츠 노출이 잦아지고 있다. 성인 포르노나 폭력, 테러리즘 관련 영상이 AI 알고리즘의 허점을 교묘하게 파고들어 버젓이 유통되기도 한다. 이에 베이징 지방정부는 2017년 4월과 12월 터우탸오에 두 차례에 걸쳐 시정 명령을 내렸다. 당국의 압박을 받은 터우탸오는 대대적인 검열에 나섰다. 2017년 1000개 이상의 계정을 정지시키는가 하면 최근 편집자 2000명을 채용하겠다는 공고를 냈다. 해당 공고는 공산당원을 우대하겠다는 방침을 밝혔다.

콘텐츠 관리의 필요성을 부인할 수는 없다. 하지만 이러한 일련의 조치로 인해 터우탸오만의 특색이 사라질 수 있다는 지적도 제기된다. 장이밍 터우탸오 회장은 "우리는 뉴스를 전달하는 우체국"이라고 밝힌 바 있다. 하지만 우체부가 편지를 뜯어본다는 사실을 알고 있다면 누가 우체국에 편지를 맡길까. 5년간의 승승장구 끝에 터우탸오가 맞닥뜨린 딜레마다.

제4장

떠도는 신조어로 중국의 오늘을 본다

'헬조선', '인구론', '국뽕'. 아재든 꼰대든 이 정도는 들어 봤을 것이다. 설령 들어 보지 못했어도 아무런 문제가 되지 않는다. '헬조선'은 지옥을 뜻하는 헬(Hell)과 조선(朝鮮)의 합성어다. 한국 사회의 부조리한 모습을 지옥에 비유한 신조어로, 희망이 없는 사회라는 의미를 담고 있다. '인구론'은 인문계 졸업생의 비애를 담은 것으로 인문계 졸업생의 90%가 논다는 의미다. '국뽕'은 국가와 히로뽕의 합성어로 자국을 무조건적으로 찬양하는 행태를 비꼬는 말이다.

그렇다면 '관태기', '멍청비용', '탕진잼'은? 점입가경이다. 부연하면 '관태기'는 관계와 권태기의 합성어다. 인간관계에 권태를 느낀다는 뜻으로 혼자 있기를 즐기는 요즘 젊은 층의 특징을 보여 주는 말이다. '멍청비용'은 본인의 실수나 생각 부족으로 발생한 비용을 뜻하는 말이다. '탕진잼'은 소소하게 탕진(낭비)하는 재미라는 의미다. 이런 말들을 신조어(新造語)

라고 부른다. 신조어는 시대의 변화에 따라 새로운 것들을 표현하기 위해 만들어진다. 따라서 신조어를 보면 그 나라, 그 국민 그리고 그 시대를 파악할 수 있다.

중국에서도 다양한 신조어들이 만들어지고 사용된다. 그리고 중국의 시대상과 사회상이 신조어에 고스란히 스며들어 있다. '쓰이타이 효과(四姨太效應)'라는 말이 있다. '넷째 첩 효과'라고도 불린다. 톈쏭(田松) 북경사범대학교 교수가 만들어 낸 말이다. 쓰이타이는 장이머우(張藝謀) 감독이 연출한 영화 〈대홍등롱고고괘(大紅燈籠高高掛)〉('큰 붉은 등을 높이 달고'라는 의미) 중에서 영화배우 공리(鞏俐)가 맡은 네 번째 첩 쏭롄(頌蓮)을 가리킨다.

영화에 나오는 4명의 첩은 영감의 관심을 받기 위해 치열하게 경쟁한다. 이 과정에서 넷째 첩 쏭롄은 기발한 아이디어를 낸다. 임신했다고 거짓말을 한 것이다. 거짓말은 곧 들통나고, 영감의 아들이 쏭롄을 찾아가 어리석다고 쏘아붙인다. 이때 쓰이타이 쏭롄은 이렇게 반격한다. "내가 어리석다고요? 난 어리석지 않아요! 난 이미 계산을 끝냈다고요. 시작은 물론 거짓이겠죠. 그러나 이 일로 인해 영감이 내 처소에 자주 들르기만 한다면 오래지 않아 거짓은 진실이 되고 말 거예요." 쓰이타이는 지혜롭다. 가짜 임신이지만 이로 인해 영감이 더 많은 관심을 가진다면 임신할 기회는 그만큼 더 많아질 것이기 때문이다. 스토리의 방점은 가짜가 진짜로 변할 수 있다는 데 찍힌다.

쓰이타이 효과는 경제계에서 널리 쓰이는 말이다. 실력이 부족한 기업이 각종 광고와 마케팅을 통해 여론의 집중적인 관심을 받고, 그로 인해 자본을 유치하여 이후에 안정적으로 성장했다면 이게 바로 쓰이타이 효과다.

대표적인 사례로 언급되는 분야가 '공유자전거'다. 모바이(摩拜)와 오포(ofo) 등 공유자전거 회사들은 하루아침에 대박이 났다. 매체들이 이들을 앞다투어 조명하면서 공유경제의 대명사가 됐기 때문이다. 이에 따라 투자자들이 몰리고 자본 유치에 성공했다. 회사 규모도 커졌다. 쓰이타이 효과 지지자들은 이를 두고 '가짜 공유경제', '사상누각'이라고 부른다. 한낱 대여 자전거 회사일 뿐이어서 결국은 몰락할 것이라는 주장이다. 자전거는 많은 장애물을 가지고 있다. 낮은 만족도와 높은 소유 비용, 계속되는 유지비 발생, 시민들의 낮은 의식 수준, 불투명한 사업 전망, 자전거 자체의 한계(날씨), 지역적 제한, 대여 이외의 다른 수익 모델 발굴 애로 등이 그것이다. 지금 중국에서는 쓰이타이 효과를 둘러싼 논쟁이 한창이다.

'팡관푸(放管服)'라는 신조어도 있다. '팡'은 중앙정부의 행정권 이양을, '관'은 정부기관의 신기술 및 새로운 시스템 활용과 혁신을 통한 행정 능력 향상을, '푸'는 정부 기능을 개편해 시장에 대한 과도한 개입을 감소시키고 시장의 일은 시장이 결정하도록 유도해 시장의 활력과 창의력을 촉진시키는 것을 의미한다. 팡관푸에는 행정관리권의 최소화를 통해 대민 서비스를 개선하겠다는 정부의 의지가 담겨 있다.

'선조후증(先照後證)'이란 신조어도 있다. 영업 허가증을 먼저 발급해주고 사후에 허가를 신청할 수 있도록 절차를 바꾼 것을 말한다. '다증합일(多證合一)'이라는 신조어는 각종 증명서를 하나로 통합한다는 의미다. 이들 신조어에는 창업 절차 간소화를 위해 불필요한 절차를 과감히 철폐하겠다는 혁신의 의지가 담겨 있다.

'가오푸쇼이(高富帥)', '바이푸메이(白富美)'라는 신조어는 글자만 봐도

감을 잡을 수 있을 정도로 솔직하고 직설적이다. 전자는 키 크고 돈 많고 잘생긴 남자를 뜻한다. 우리나라의 엄친아, 훈남에 해당된다. 후자는 피부가 하얗고 돈 많고 예쁜 여자를 뜻한다. 엄친딸, 훈녀에 해당한다. 두 신조어 모두 내면이 아니라 화려한 겉모습을 중시하는 물질만능주의의 사회 분위기를 반영한다

'자이난(宅男)'과 '자이뉘(宅女)'라는 신조어는 집에만 있는 남자, 집에만 있는 여자라는 뜻이다. 집돌이와 집순이의 중국 버전이다. 이들은 집에 있는 것을 좋아하고, 집에서 취미 생활을 하고, 외출하는 것을 좋아하지 않는 경향이 있다. 자기 방에 틀어박혀 지내면서 인간관계를 발전시키길 싫어한다는 의미의 일본말 오타쿠(otaku, 御宅)와 같은 맥락의 신조어다. 이렇듯 한국, 일본, 중국 모두 이런 '인간관계 단절형' 사람들이 사회문제화되고 있다.

'밍밍빙(明明病)'이라는 말은 오늘 해야 할 일을 내일로 미루는 병이라는 뜻이다. 내일을 뜻하는 '밍톈(明天)'에서 '明' 자를 따와 병을 뜻하는 '病' 자를 합쳐서 만든 단어다.

'란런(懶人) 경제'라는 신조어도 있다. 게으른 사람이라는 뜻의 '란런'에 경제를 합성한 단어다. 란런 경제는 인터넷과 스마트폰의 보급으로 생활이 편리해진 데다 바쁜 일상에 지친 도시인들이 밖에 나가지 않고도 식사, 쇼핑, 가사 등의 서비스를 이용할 수 있게 된 것을 뜻한다. 란런 경제의 발달로 즉석식품 시장이 급속도로 커지고 있다. 대형 식품회사들도 대거 진출했다. 각종 기발한 즉석식품이 등장하고 있다. 한 예로 '즉석 훠궈'가 있다. 컵라면처럼 뜨거운 물만 부으면 뜨끈뜨끈한 훠궈를 먹을 수 있기 때문에 굳이 식당에 가지 않아도 된다. 즉석 훠궈는 기차, 기숙사, 관광지 등

에서도 쉽게 찾아볼 수 있을 정도로 인기가 높다. 가격대는 35위안 정도로 우리 돈으로 6000원도 안 되는 가격에 훠궈를 즐길 수 있는 셈이다. 즉석식품 시장이 커지면서 기존의 라면 시장은 적지 않은 타격을 입고 있다. 이에 중국의 대형 라면 제조회사인 퉁이(統一)가 라면 사업을 축소하고, 즉석식품 사업을 확대해 나가기로 했다. 이렇듯 란런 경제가 시장 판도를 흔들고 있다.

'단선징지(單身經濟, 독신 경제)'는 독신 여성이 많아지면서 생긴 신조어다. 현재 중국 인구 약 14억 명의 7분의 1인 2억 명가량이 독신자다. 남녀 성비를 1:1로 봤을 때 1억 명 정도가 여성인 셈이다. 혼자 사는 여성들은 고가의 의류나 화장품 등을 사는 데 돈을 아끼지 않는다. 파티를 즐기는 등 사교 활동에도 적극적이다. 유통업계가 매년 11월 11일 열리는 광군제(光棍節, 독신자의 날)에 대박을 칠 수 있었던 이유 중 하나로 독신 여성의 힘이 컸다는 말이 나올 정도다.

중국의 경제 환경 및 라이프스타일 변화에 따라 탄생한 신조어들도 있다. 이 가운데 '~족(族)'과 같은 신조어는 바뀐 중국인들의 삶과 정서를 그대로 드러내고 있다.

'웨광주(月光族)'는 월급(혹은 돈)을 저축하기보다는 써 버리는 사람들을 지칭한다. 웨(月)는 하늘의 달이 아닌 월급을 나타내는 '웨신(月薪)'의 '月' 자이며, 광(光)은 빛이 아니라 모두 써 버린다는 뜻의 '화광(花光)'의 '光' 자이다. 즉 한 달 월급을 모두 써 버린다는 뜻이다. 요즘 젊은 사람들의 소비 행태를 압축한 표현이다. 비난의 의미도 담겨 있다. 사교육비 지출 증가로 인해 월급을 아이들 교육비로 다 써 버리면서 주부들이 스스로를 웨광주라고 부르기도 한다.

'커우커우주(摳摳族)'는 웨광주의 반대말이다. 절약하기 위해 쿠폰을 모으는 소비자를 뜻한다. 중국어로 쿠폰을 뜻하는 단어가 '커우촨(摳券)'인데 쿠폰을 알뜰살뜰 모은다는 의미의 커우커우주는 이 단어에서 시작됐다.

'디터우주(低頭族)'라는 신조어는 스마트폰 세대와 관련된 표현이다. '디터우(低頭)'는 '고개를 숙이다'라는 뜻이다. 스마트폰을 보느라 지하철에서도, 길거리에서도, 식당에서도, 심지어 집 안에서도 고개를 숙이고 있는 현대인들을 일컫는 말이다. 우리나라처럼 중국도 스마트폰을 보느라 주위를 살피지 못해 생겨나는 사고가 해마다 늘어나고 있다.

'컨라오주(啃老族)'는 독립할 나이가 되었음에도 불구하고 부모와 떨어지지 않고 생계를 의탁하는 젊은 세대를 가리키는 신조어다. 스스로 직장을 그만두고 부모에게 의지하는 이들도 있다. 컨라오주가 늘고 있어 사회적인 문제가 되고 있다. 한국에서는 이런 사람들을 '캥거루족'이라고 부른다.

'허츠주(合吃族)'는 인터넷 등을 통해 함께 식사할 사람을 찾은 후 더치페이 방식으로 각종 음식을 즐기는 사람들을 가리킨다. 비싼 음식을 먹기 위해 사람들을 모으고 계산할 때 서로 돈을 나누어 내기도 한다.

'주이싱주(追星族)'는 열성 팬을 의미한다. 직역하면 '별을 쫓는 사람들'이다. 우리나라의 아이돌 팬덤처럼 연예인의 공연이나 팬미팅, 팬사인회에 참여하며 열정적으로 연예인을 응원하는 사람들을 말한다.

마지막으로 '충망주(窮忙族)'라는 신조어는 중국판 88만 원 세대를 뜻한다. 대학 졸업 후 비정규직으로 일하며 낮은 평균 임금을 받는 사람들을 일컫는다. 충망(窮忙)에는 먹고살기 바쁘다, 허둥지둥 바빠하다의 뜻이 있다. 한마디로 먹고살기 힘든 사람들이다. 이 신조어에는 바쁘게 일은 하지만 빈곤에서 벗어날 수 없는 사람들의 안타까운 현실이 담겨 있다.

신조어는 늘 생겨나고 소멸된다. 사회도 그만큼 변한다. "그 사람을 보려면 주변 사람을 보라"라는 말이 있다. 그 나라, 그 시대를 보려면 신조어를 보면 된다. 마찬가지로 중국의 신조어에는 중국 경제의 발전과 정부의 정책 방향, 급변하는 사회상, 젊은이들의 초상이 스며들어 있다.

제 2 부

특히 이 사람을 주목하라

제1장

마화텅 텐센트 회장

전 세계 9억 명 이상이 텐센트가 만든 메신저를 사용하고 있다. 텐센트는 중국에서 가장 먼저 시가총액 약 119조 9500억 원을 넘어선 기업이기도 하다. 텐센트의 성공 뒤에는 '중국의 빌 게이츠'로 불리는 마화텅 회장이 있다.

마화텅 회장은 평소 자신을 잘 드러내지 않는 것으로 유명하다. 그는 스스로 내성적이라고 공개적으로 말한다. 마화텅 회장은 "텐센트가 아닌 다른 회사였으면 나처럼 내성적인 사람은 적응하기 힘들었을 것"이라고 했다.

그는 어릴 적부터 천문학자를 꿈꿔 왔다. 하지만 천문학이 현실과 멀다고 느낀 마화텅은 선전대학에 들어가 컴퓨터 공학을 공부했다. 현지 언론에 따르면 그는 밖에서 활동하는 것보다 컴퓨터 앞에 앉아 있기를 좋아했다. 대학 시절에는 해커로 이름을 날렸다. 프로그래밍과 인터넷을 즐겨 하던 이 컴퓨터 공학도는 1998년 동창 4명과 낡은 건물에서 텐센트를 만든다.

QQ와 텐센트 로고

10여 년 동안 다니던 안정된 직장을 버리고 창업의 길로 들어선 그의 신념은 바로 이것이다. "나 자신이 좋아하는 일을 하자" 마화텅 회장과 함께 텐센트를 만든 이들은 대학 동기인 장즈둥(張志東), 쉬천예(許晨曄)와 중학교동창인 천이단(陳一丹), 쩡리칭(曾李靑)이다.

텐센트의 의사 결정은 민주적으로 진행됐다. 사업 초기 자금력이 제일 강해 대주주였던 마화텅은 자신의 지분율을 47.5%로 정해 놨다. 마화텅의 결정을 통과시키려면 다른 주주 2명의 동의가 필요했고 창업 멤버 4명이 연합하면 번복할 수도 있었다.

여느 회사처럼 텐센트도 창업 초기 많은 난관에 부닥쳤다. 급성장한 QQ(텐센트의 PC 메신저)의 유지 비용은 양날의 칼이었다. 2001년 나스닥 시장의 폭락 여파로 투자자들이 떠났고 인수 요청과 매각 시도도 실패했다. 마화텅은 이 과정에서 디스크 수술까지 받게 된다.

그는 이런 역경에도 특유의 침착함으로 돌파구를 찾아냈다. 실패하면 차별적인 모방을 시도하고 실적이 하락하면 오히려 투자할 곳을 물색했다. 그가 '펭귄(텐센트 마스코트) 제국'을 일궈 낸 데는 수많은 시행착오에 의연하게 대처한 성격이 한몫했다.

인터넷 시장을
정복할 수 있었던 성공 요인

"텐센트의 OICQ(QQ의 구버전)는 ICQ를 노리고 의도적으로 상표권을 침해했다." 텐센트의 마화텅 회장은 1999년 8월 미국의 인터넷 콘텐츠 기업 AOL에게서 이 같은 내용의 편지를 받았다. ICQ는 이스라엘 기업 미라빌리스가 만든 세계 최초의 PC용 인스턴트메시징(IM) 서비스로 1998년 6월 AOL에 인수됐다. 당시 ICQ의 중국 시장 지배력은 독점적이었다. 2000년 텐센트는 AOL이 제기한 상표권 소송에서 결국 패소했다. 그래서 만들어진 새 이름이 'QQ'다.

텐센트는 '모방'으로 성장한 회사다. 마화텅 회장은 여기에 '창조', '차별'이라는 단어를 붙인다. 그는 텐센트 창립 10주년 행사에서 "텐센트가 모방을 통해 성공한 것은 누구나 아는 사실이지만 모방을 한다고 해서 누구나 성공하는 것은 아니다"라고 하며 "기업 대부분이 고양이를 보고 고양이를 그렸다면, 텐센트는 고양이를 보고 사자를 그렸다"고 말했다. 그리고 이것이 바로 '차별적 모방'이라고 했다.

텐센트의 검색 서비스 소소(搜搜)는 바이두를, Q존은 싸이월드를, QQ샤오유(QQ校友)는 페이스북을, 텐센트 웨이보(微博)는 트위터를 모방한 서비스다. 마화텅 회장은 소소에는 자사 제품 연계, Q존에는 친구 맺기 이벤트와 게임 연동, QQ샤오유에는 특정 타깃층 공략, 텐센트 웨이보에는 QQ메신저와의 연동 등 중국인의 입맛에 맞게 차별성을 추가했다. 6억 명이상이 이용하는 모바일용 인스턴트메시징 서비스 위챗도 철저하게 창조적으로 시장을 분석했기 때문에 모바일 인터넷 시장을 정복할 수 있었다.

여느 성공한 기업인처럼 고객을 우선으로 여긴 마화텅 회장은 이용자가 필요로 하는 것을 실시간으로 파악해 기본 커뮤니케이션 기능에 다양한 서비스를 계속 추가했다. 그는 "제품을 만드는 것이 창조가 아니라 사람들이 찾는 제품을 만드는 것이 진정한 창조"라며 "텐센트의 전략은 바로 소비자의 니즈(needs)에 따라 움직이는 것"이라고 말했다.

텐센트의 성공 요인에는 마화텅 회장의 '사람 중시' 신념도 빠질 수 없다. 마화텅 회장은 사업 초기 인터넷 접속 불안정, 전력 사용량 증가, 서버 확충 비용 등의 문제에 부닥쳤다. 다행히 금융 소프트웨어 개발 기업 신리더의 류샤오송 CEO와 린젠황의 도움으로 투자금을 구할 수 있었다. 마화텅 회장은 이들에게 감사의 표시로 각각 회사 지분 1%를 나눠 줬다. 회사가 성장 가도를 달릴 때에는 전 직원에게 연봉 인상, 무이자 주택대출 지원 등 복지와 지원을 아끼지 않았다.

공격적 인수합병을 통해
성장하는 텐센트

마화텅 회장이 말한 텐센트의 성장 전략은 공격적인 인수합병(M&A)이다. 텐센트는 PC용 메신저 QQ와 모바일용 메신저 위챗으로 중국의 대표 인터넷 기업이 됐다. 중국 시장에서 인지도를 얻은 텐센트는 사업 분야를 거침없이 확장해 갔다. 막강한 자금력을 바탕으로 게임, 전자상거래, 여행, 영화, 음악 서비스에 투자했고 최근에는 콘텐츠 확보에도 힘을 쏟고 있다. 텐센트는 우리나라의 iMBC와도 예능 콘텐츠 공급계약을 체결했다.

현지 언론에 따르면 꼼꼼하기로 소문난 마화텅 회장은 직접 작은 수치하나까지 살피며 치밀하게 투자할 곳을 살핀다. 마화텅 회장의 뛰어난 '선택과 집중' 능력은 특히 게임 사업에서 두드러졌다. 그는 2009년까지 해외 게임의 판권을 사들여 중국에 퍼블리싱하는 데 집중했다. 게임 퍼블리싱은 퍼블리싱업체가 게임 개발 업체로부터 판매 권한을 가져와 마케팅·홍보·유통 등을 맡아 수익을 내는 일련의 과정을 말한다.

텐센트 전체 매출액의 절반 이상이 게임 퍼블리싱에서 나온다. 마화텅 회장은 한국의 게임인 크로스파이어, 블레이드앤소울, 던전앤파이터 등을 중국에 퍼블리싱하며 쏠쏠한 재미를 봤다. 2011년엔 한국의 엔씨소프트, 엑스엘게임즈, 웹젠 등 대형 게임사들의 판권도 손에 쥐었다. 또 2014년에는 씨제이게임즈에 5330억 원, 네시삼십삼분(4:33)에 1300억 원(네이버 라인과 공동), 파티게임즈에 200억 원을 투자했다. 그리고 이듬해 마화텅 회장은 인기 온라인 게임인 리그 오브 레전드(LoL, 이하 롤)의 개발사 라이엇게임즈의 주식 전부를 인수하기에 이른다. 시장조사업체 슈퍼데이터에 따르면 2014년 롤은 10억 달러(약 1조 2000억 원)의 매출을 기록한 것으로 추정된다. 텐센트는 국내 대표 게임업체 넷마블의 3대 주주기도 하다.

마화텅 회장은 게임 퍼블리싱의 성공을 발판으로 삼아 투자처를 확대해 갔다. 텐센트는 김범수 의장에 이어 카카오의 2대 주주다. 2012년 4월 카카오에 720억 원을 직접 투자해 13.3%의 지분을 확보했다(2016년 1월 기준 9.33% 보유). 카카오가 다음과 합병한 후, 텐센트의 보유 지분을 합병법인 시가총액 가치로 환산하면 4000억 원 정도다. 투자금의 5배가 넘는다.

2014년엔 음식 평가 사이트 뎬핑의 지분 20%, 중국 내 전자상거래업체 2위 징둥닷컴의 지분 15%(약 2590억 원), 부동산 정보 사이트인 러쥐홀딩스의 지분 15%(약 2170억 원), 온라인 생활 정보 사이트 58닷컴의 지분 19.9%(약 8868억 원)를 사들였다.

텐센트는 이제 중국의 명실상부한 '큰손'이다. 텐센트는 한국 외에도 미국과 동남아시아 시장을 노리고 있다. 텐센트의 투자 방식은 주주의 이익을 극대화하는 데 있다. 이는 투자 자금을 끌어들이는 원동력이 되며, 결과적으로 회사의 시가총액을 늘렸다. 중국을 뛰어넘어 끊임없이 다른 시장을 탐구하고 결국엔 돈을 끌어모은 마화텅 회장, 세계 시장 정복을 향한 그의 다음 발걸음이 궁금해지는 이유다.

IT 따거들의
세계 무대 등장

중국 최대 인터넷 기업 텐센트의 마화텅 회장은 2015년 9월 미국을 찾았다. 시진핑 국가주석이 그와 함께했다. 당시 첫 미국 국빈 방문길에 오른 시진핑 주석은 마화텅 회장을 비롯해 마윈 알리바바 회장, 리옌훙 바이두 회장, 양위안칭 레노버그룹 회장 등 IT 따거(大哥, 큰 형님)들을 세계 무대에 등장시켰다. 중국이 IT 관련 분야에 얼마나 공을 들이고 있는지 알 수 있는 대목이다.

리커창 중국 총리는 2015년 3월 양회(兩會, 전국인민대표대회와 인민정치협상회의)에서 '인터넷 플러스 행동 계획'을 내놨다. 인터넷 플러스는 기존 산업에 모바일 인터넷, 클라우드 컴퓨팅, 빅데이터, 사물인터넷(IoT) 등 정보통신기술(ICT)을 융합하는 전략을 말한다.

중국 정부는 이를 통해 노동집약형 제조업에서 벗어나 기술집약형의 스마트 제조업 강국으로 도약한다는 목표를 세웠다. 현지 언론은 이 정책의 대표적인 수혜 분야로 로봇, 우주항공, 첨단 철도교통, 해양산업 설비와 최첨단 선박, 전력 설비, 바이오 의약과 고성능 의료기기, 농기계, 신소재를 꼽았다.

현지 언론은 인터넷 플러스 정책의 아이디어 제공자가 마화텅 회장이라고도 전했다. 실제로 마화텅 회장은 중국의 'ICT 굴기(崛起, 우뚝 섬)' 야심이 여실히 드러난 인터넷 플러스의 대표 추진자다. 그는 2015년 4월 청두(成都)시에서 열린 위챗 공개강좌에서 "인터넷 플러스에서 '플러스'는 상호 연결을 의미한다"며 "텐센트의 사명 역시 인류 생활의 질을 높이는 '인터넷 연결기(connector)'가 되는 것"이라고 역설했다.

일례로 마화텅 회장은 모바일 기기와 인터넷을 통해 금융 서비스를 제공하는 인터넷 금융 플랫폼 마련에 앞장서고 있다. 2015년 1월에는 중국 최초의 인터넷 은행인 위뱅크(WeBank, 중국명 웨이중 은행)를 출범시켰다. 중국 당국이 2014년 허가한 민간은행 5곳 중 하나다. 위뱅크는 영업점포나 업무 카운터가 없다. 오로지 인터넷으로만 대출이 이뤄진다. 안면 인식 시스템을 통한 본인 확인 절차가 끝나면 통장으로 돈이 바로 입금된다. 마화텅 회장은 위뱅크 설립에 대해 "금융과 IT기술을 융합한 인터넷 플러스의 기념비적 사건"이라고 말했다.

그는 인터넷 서비스와 지방 행정을 융합한 스마트시티(Smart City, 城市服務) 실현에도 공격적으로 나서고 있다. 자사의 모바일용 인스턴트메시징 서비스인 위챗 플랫폼을 이용해 교통, 의료, 사회보험, 호적 관리, 출입국 관리 등 각종 서비스를 제공하는 것이다. 텐센트는 2015년 6월 기준으로 광저우(廣州), 상하이(上海), 우한(武漢), 선전(深圳), 포산(佛山) 5개 도시의 스마트시티 서비스에 진출했다.

마화텅 회장은 '2015 인터넷 플러스 중국 콘퍼런스'에서 "위챗·QQ 플랫폼은 사람과 사람, 사람과 서비스, 사람과 기계를 잇는 연결 고리가 될 것"이라며 "다양한 전통산업 분야를 최대한 하나로 연결해 그들 각자의 현장에서 자신들의 파트너와 함께 성공할 수 있도록 할 것"이라고 강조했다. 마화텅 회장이 꿈꾸는 '인터넷 플러스 생태계'가 조성될 날이 머지 않았다.

더 높이 점프하려는
마화텅의 펭귄

마화텅 텐센트 회장은 경영전략의 고수다. IT 분야에 대한 그의 포부 역시 거대하다. 이미 'IT 공룡'이라는 수식어를 얻은 텐센트는 미래 먹거리를 확보하기 위해 도전 영역을 넓혀 가고 있다.

세계 최대 IT 전시회 'CES 2016' 개막 하루 전날 미국 라스베이거스에서 중국 최대 인터넷 기업 텐센트의 첫 상업용 드론 '잉(YING)'이 하늘을 날았다. IT 관련 시장을 모두 장악하기 위한 마화텅 회장의 포부가 드러난 순간이었다.

스마트폰으로 조작할 수 있는 드론 잉은 텐센트가 중국계 드론 개발업체인 제로테크(Zerotech)와 공동으로 개발했다. AP(응용프로세서) 분야 최강자인 미국의 통신 기업 퀄컴이 출시한 스냅드래곤플라이트(Snapdragon Flight) 801 플랫폼을 사용해 주목을 받았다. 4K 비디오 영상 녹화, GPS, 커넥티비티(무선랜·블루투스 등), 각종 소프트웨어 개발 툴 등이 들어 있다. 촬영한 영상을 텐센트의 중국판 카카오톡인 위챗으로 친구들과 공유할 수 있는 점이 특징이다.

QQ와 위챗 그리고 게임 사업을 중심으로 성장한 마화텅 회장의 텐센트는 중국판 트위터인 텐센트 웨이보, 중국판 미니홈피인 QQ콩젠(空間), 중국판 페이스북인 카이신왕(開心網) 등으로 플랫폼을 늘려 갔다. 또한 메신저 서비스를 기반으로 쇼핑, 송금 서비스 등을 결합해 온라인 사업 전 분야로 확장했다. 한국인터넷진흥원(KISA)이 2015년 4월 발표한 '중국 ICT 기업 동향 분석 및 시사점' 보고서에 따르면 텐센트 전체 매출의 81% 가 부가가치서비스(VAS, 온라인 게임·SNS 등)에서 나온다.

마화텅 회장은 불법 다운로드 사이트가 활개를 치는 중국에서 온라인 음원 제공 서비스 분야에 진출하기도 했다. 그가 내놓은 QQ뮤직은 2015 년 8월 중국 B2C(Business to Consumer, 기업과 소비자 간의 거래) 시장 조사기관인 이관즈쿠(易觀智庫)가 꼽은 '중국 최고의 음원 다운로드 플랫 폼' 1위를 차지했다. QQ뮤직은 워너브라더스, 소니, YG 등 해외 유명 음 반 제작사 20여 곳과 판권 협약을 맺었다. 월스트리트저널은 "QQ뮤직의 유료 가입자는 중국 전체 인터넷 사용 인구 6억 5000만 명 가운데 약 300 만 명밖에 되지 않는다"면서도 "불법 음원 다운로드 사이트가 100여 개에 달하는 중국에서 저작권 보호와 디지털 음원 시장 확대를 주도한다는 점 에서 의미 있다"고 분석했다.

텐센트는 택시 애플리케이션 서비스 사업에도 진출했다. 2013년 4월 중국판 우버인 디디다처(滴滴打車, Didi taxi)에 1500만 달러(약 180억 6000만 원)를 투자한 것이다. 2015년 2월 디디다처는 알리바바의 콰이디 다처(快的打車, Kuaidi taxi)와 합병했다. 이번 합병으로 디디다처와 콰이 디다처는 텐센트와 알리바바가 보유한 플랫폼을 모두 활용할 수 있게 됐 다. 합병 법인의 가치는 60억 달러(약 7조 2270억 원)인 것으로 알려졌다.

텐센트는 이 외에도 전자상거래, 클라우드, 인터넷 금융, 모바일 결제, 검색 서비스, 온라인 여행 서비스, 온라인 교육, 온라인 영화티켓 판매 등 에서 두각을 나타내며 문어발식 사업 확장에 나서고 있다.

현재에 안주하지 않는 마화텅 회장은 여전히 차세대 먹거리 발굴에 갈증을 느끼고 있다. 미래 수익 창출을 위해 조용하고 날카롭게 또 다른 사업을 찾고 있다. 급변하는 글로벌 경영 환경에서 텐센트의 진화는 계속되고 있다.

제2장

리옌훙 바이두 회장

바이두는 알리바바, 텐센트와 함께 중국의 3대 IT 기업으로 꼽힌다. 시장조사업체 스탯카운터에 따르면 2008년부터 2015년까지 바이두의 중국 시장점유율은 평균 70%에 달한다. 바이두는 중국에서 가장 인기 있는 검색엔진으로 우뚝 섰다. 수익도 성장세다. 중국 포털업계 부동의 1위이자 전 세계 사용자 수 2위를 기록하고 있는 바이두는 2000년 리옌훙에 의해 설립됐다.

리옌훙은 기술력과 자신만의 리더십으로 바이두 창립 6년 만에 나스닥 상장이란 쾌거를 이룩해 낸 인물이다. 중국 기업 가운데 최고 주가를 기록하는 기적의 순간은 물론, 시나닷컴 검색 서비스 중단과 MP3 음원의 저작권 소송 사건에 이르기까지 수많은 우여곡절로 파란만장한 그의 인생은 우리 청년들에게 패기와 배짱과 도전 정신의 중요성을 다시 일깨워 준다.

리옌훙은 1968년 공장 노동자인 부모 밑에서 넷째로 태어났다. 그는 베이징대학교에서 정보경영을 전공한 뒤 미국 버펄로대학교와 뉴욕주립대학교에서 석·박사 과정을 마쳤다. 졸업 이후 미국에 있는 회사에서 개발자로 일했다. 동시에 검색엔진 알고리즘을 설계했다. 이때 '랭크덱스(Rank Dex)'라는 알고리즘을 개발했다. 랭크덱스의 핵심 개념은 '하이퍼링크 벡터 보팅(HVV)'이다. HVV는 하이퍼링크의 백링크(다른 웹사이트나 페이지로부터 해당 웹사이트로 유입되는 링크)값을 검색 랭킹에 반영

바이두의 검색엔진 화면

하는 기술이다. 여기서 백링크의 수는 해당 사이트나 웹페이지의 중요도와 인기를 나타내는 척도로 사용되며, 해당 페이지에 어떤 사람들이 관심을 기울이고 있는지를 보여 줄 수 있다. 이를 통해 HVV는 상대적 중요도에 따른 특정 웹페이지의 가중치값을 결정하여 검색엔진을 최적화한다.

그는 1997년 논문 『관련성 랭킹을 넘어: 하이퍼링크 벡터 보팅』에서 HVV를 공식 발표했다. 리옌훙은 이듬해 『질적 검색엔진을 향하여』라는 논문을 통해 한결 개선된 HVV 방법을 제시했다. 그의 아이디어는 구글의 창업자 래리 페이지가 페이지랭크 특허 문서에서 인용할 만큼 수준 높은 기술이었다.

러브콜이 이어졌지만, 리옌훙은 고액 연봉을 포기하고 자신만의 회사를 차리기로 결심했다. 그는 베이징대학교 선배였던 쉬융를 공동 설립자로 영입했다. 쉬융는 당시 초기 투자자들을 찾는 데 공을 세웠다. 두 설립자는 사업 초반에는 자체 검색 서비스를 선보이는 대신 중국 내 포털에 검색엔진을 공급하는 비즈니스를 선택했다. 하지만 별다른 성장을 하지 못하자 다시 검색엔진에 집중하기로 방향을 바꿨다. 그렇게 2001년 중국의 첫 번째 검색엔진 '바이두닷컴'이 문을 열었다. 바이두는 검색 서비스를 시작한 지 3년 만에 흑자로 돌아섰고, 미국 시장 기업공개(IPO)도 성공적으로 완료했다.

바이두의 고공비행은 리옌훙을 세계적 부호의 자리에 올려놓았다. 그는 바이두 지분의 15.9%를 보유하고 있으며, 해당 지분의 가치는 12조 원에 육박한다. 과거 구글의 짝퉁 정도로 여겨졌던 바이두는 이제 구글을 위협하는 존재로까지 성장했다. 탄탄한 자본을 기반으로 무인 자동차부터 O2O(Online to Offline, 온·오프라인 연계)까지 다양한 분야로 사업을 확장하고 있으며, 미국에 연구소를 세워 전 세계 실력 있는 인재들을 모으는 중이다.

최근 통계청이 발표한 '기업 생명 행정통계' 조사에 따르면 신생 기업 81만 개(2011년 설립 기준)의 5년 생존율은 29%에 불과하다. 창업도 어렵지만 존속 기업으로 생존하는 건 더 힘든 일이라는 얘기다. 웬만한 각오나 준비 없는 섣부른 창업은 오르지 못할 산이다. '날개 꺾인 청춘', '88만 원 세대'와 같이 청년 세대를 정의한 제목까지 등장했다. 꿈을 꾸어야 할 청춘들의 날개를 꺾어 버린 이 시대의 현주소다. 하지만 세상에 무서울 것 없는 패기와 배짱과 도전 정신을 가진 청년들은 여전히 있다. 비록 자본은 적을지라도 자신만의 기술과 아이디어 그리고 서비스 정신으로 창업 전선에 뛰어들어 하루 24시간이 부족할 정도로 열정을 다해 뛰는 이 시대 새로운 청년 CEO들에게는 리옌훙의 성공 신화가 표상이 되고 있다.

구글의 짝퉁에서
공룡 기업으로 성장

바이두가 설립된 2000년 1월, 어느 누구도 바이두의 가치가 이 정도까지 될 것이라 예측하지 못했을 것이다. 한때 '구글의 짝퉁'으로 불리고 리옌훙 자신조차 "중국의 구글이 되는 게 목표"라고 말했을 정도니 짐작하고도 남는다. 그러나 초창기 보잘것없던 바이두는 이러한 예측을 비웃으며 세계 인터넷 시장을 선도하는 공룡 기업으로 성장했다.

바이두는 2010년 페이스북에 이어 전 세계에서 가장 빨리 성장한 회사로 꼽혔다. 2011년에는 미국의 페이스북과 우리나라 삼성 등의 글로벌 기업을 밀어내고 225억 달러(약 25조)의 브랜드 가치를 인정받으며 세계 100대 브랜드 중 29위에 올랐다. 당당하게 글로벌 기업에 안착한 것이다. 리옌훙은 중국 젊은이들에게 살아 있는 우상이다. 바이두의 성공 비결은 무엇일까? 여러 요소가 있지만 업계 전문가들은 '강한 신념의 경영 철학'과 '평등의 조직 문화' 등을 꼽는 데 주저하지 않는다.

바이두는 유행에 휩쓸리지 않는다. "한 가지 일에 미쳐야 남들이 해내지 못한 것을 할 수 있다"는 단순한 집중은 그의 좌우명이다. 중국에서 최고의 엘리트 코스를 밟은 그가 바이두 창업에 뛰어든 이유는 인터넷이 미래에 가장 큰 가치를 가질 것이라는 확신이 있었기 때문이다. 창업 초기 비교적 젊은 나이에 힘든 과정에서도 포기하지 않은 것 그리고 석사 이후 컴퓨터공학 박사학위 과정 입학 통지서까지 받았으나 이를 과감히 버린 것도 그의 그런 강한 신념 덕분이다. 이어 개발자의 꿈을 안고 실리콘밸리 회사에 들어간 것도 마찬가지다.

부드러운 카리스마는 그의 전매특허다. 직장 내에선 평화와 평등을 매우 중시한다. 바이두는 직함 대신 중국어 이름이나 영어 이름을 부른다. 바이두에서 그는 '사장님'이 아닌 '로빈'으로 통한다. 대화나 회의 도중에 누구나 그의 말을 중도에 끊고 자신의 의견을 피력할 수 있다. 물론, 그의 의견에 대해서 반박할 수도 있다. 알리바바의 절대 권력자인 마윈 회장과는 다른 면모다. 그는 부드러운 카리스마를 통해 회사의 조직 문화를 강한 경쟁력으로 만들고 있다. 현실과의 적당한 타협을 절대 용납하지 않는 결단력도 장점이다. 리옌훙은 "직장에서 안정적으로 수입을 얻으면서 새로운 일에 도전하지 않으려는 직원은 당장 바이두를 떠나라"고 할 정도로 도전을 중시한다.

바이두는 더 이상 중국에만 국한되지 않는다. 바이두의 사업 영역은 세계 무대로 향하고 있다. 그리고 성공을 위한 무한질주 본능을 그대로 드러내고 있다. "인간이 가장 평등하게 정보를 얻도록 하겠다"는 리옌홍의 사명감이 바이두를 인도하고 있다. 앞으로 15년, 아니 50년 뒤에도 리옌홍 회장의 사명감이 계속 지켜질 것이란 사실에 이견을 보이는 이는 없다.

리옌홍 바이두 회장을 우리가 주목하고 있는 것은 단지 그의 부와 성장 때문만이 아니다. 그의 인생에는 빛나는 외교가 있다. 2015년 3월 중국 베이징 인민대회당 대회의실에는 '제12기 전국인민정치협상회의(이하 정협) 3차 전체회의'가 있었다. 이날 참석한 2200여 정협위원들은 연단을 주시했다. 연단에는 중국 최대 포털 바이두의 창업자이자 CEO인 리옌홍이 서 있었다. 그는 그 자리에서 중국의 미래 먹거리에 대해 언급해 갈채를 받았다. 국가 경영전략을 제시한 것이다.

리옌홍은 "핵심 기술의 경우 지금까지 국가가 말을 고르듯 선정해 연구를 지원했으나 이제는 자유경쟁 체제로 전환할 것"을 강조했다. 연구의 효율성을 제고하기 위해 국가는 연구 인력과 연구 정보 공유를 위한 플랫폼을 만들어야 한다고 밝혔다. 이러한 관련 기술을 산업과 군사 분야로 확대해 산업·군사 강국을 건설해야 한다고 강조했다. 발언이 끝나자 우레와 같은 박수와 함께 국무원 심의를 거쳐 국가 정책으로 채택해야 한다는 말이 나왔다.

팡진칭 중국원자력과학연구원 연구원은 "국가를 위해 정말 필요한 건의다. 인민해방군 산하의 일부 연구소에서 인터넷 과학 등을 활용해 관련 연구를 하고 있어 기초는 튼튼하다. 군과 정부, 민간 기업이 참여하고 여기에 해외 인재를 유치하면 중국의 인공두뇌 계획이 속도를 낼 것으로 확신한다"고 말했다. 중국에서 리옌훙의 위치가 단순히 한 기업의 CEO를 넘어서는 순간이다.

전국인민정치협상회의는 줄여서 정협 또는 인민정협이라고 한다. 전국인민대표대회(이하 전인대)와 더불어 양회라고 불린다. 정협은 다당협력제를 표방하는 중국에서 공산당의 정책 결정에 앞서 다른 정당의 의견을 수렴하고 사전 조율하는 공식 창구 역할을 한다. 또 국정 방침에 관한 토의에 참여해 제안과 비판의 직권 등을 행사할 수 있다. 리옌훙은 이러한 막강한 권한으로 다양한 글로벌 IT 외교를 펼치고 있다. 2015년 9월 시진핑 주석이 미국 국빈 방문길에 올랐을 때 리옌훙도 방미에 동행했다.

리옌훙은 마이크로소프트, 스타벅스, 아마존 등 2300여 개 기업이 자리 잡은 미국 북서부의 대표적 경제 도시 시애틀에서 두 나라의 '인터넷 산업 포럼' 등에 참석해 첨단 분야인 스마트시티 사업에서의 다양한 방안을 제시했다. 팀 쿡 애플 CEO, 제프 베이조스 아마존 CEO, 인드라 누이 펩시코 CEO 등과도 교류하며 친분을 쌓았다. 또 '중국 항일전쟁 및 반파시스트 전쟁 승리 70주년 기념 열병식'에서도 리옌훙은 당시 중국을 찾은 반기문 유엔 사무총장과 만나 의견을 교류했다. 중국 국무원 직속 통신사 《중국신문망》은 국제 협력과 동반 성장, 환경보호, 지속 가능한 발전 등에 대한 고견을 나눴다고 소개했다.

리옌훙은 "가난과 불평등에서 벗어나기 위한 전 세계의 지속 가능한 발전이라는 목표를 적극 지지한다"며 바이두의 혁신적 검색 서비스 즈다하오(直達號)를 통해 '폐기물 수거 서비스'를 제공하는 협력을 약속했다. 즈다하오는 사용자와 각종 서비스를 연결해 주는, 즉 기업이나 단체명을 입력하면 해당 단체가 제공하는 모든 서비스를 검색할 수 있는 새로운 형태의 홍보 플랫폼이다.

강한 중국 위해 필요한
인공지능 개발

리옌홍 회장은 '중국 인공두뇌 계획 추진과 발전', '중국 정보기술과 혁신'의 상징적 존재로 통한다. 그는 인공지능이 미래 국가 경쟁력을 좌우할 핵심 기술이라고 보고 국가 차원의 전략 수립을 촉구했다. 바이두는 인공지능 검색 기술 개발을 위해 2013년에는 베이징에, 2014년에는 미국 실리콘밸리에 각각 관련 연구소를 설립했다.

리옌홍 회장은 "인공지능은 산업 효율화의 핵심"이라며 "의료 산업과 국방, 무인 자동차 개발로 국가 경쟁력 강화는 물론 인류 사회 발전에도 엄청난 영향을 줄 것이다. 또 세계 각국이 인공지능을 국방은 물론 재난 방지, 무인 자동차 개발 등 미래 신성장동력의 주력 산업으로 삼고 있다"고 강조했다. 실제로 미국은 2010년부터 국방부 산하 방위고등연구기획국(DARPA)에서 인공지능 계획을 총괄하고 무기와 정보 분석, 의료 분야 등의 연구를 집중 지원하고 있다. 유럽연합(EU)도 2013년 1월부터 독일과 프랑스 등 21개 회원국, 112개 기업, 연구소, 대학이 참가해 공동 연구를 진행하고 있다.

얼마 전 스위스의 휴양도시 다보스에서 열린 세계경제포럼(WEF) 연차총회(이하 다보스포럼)에서도 '4차 산업혁명'이 포럼의 대주제였다. 콩그

레스센터 곳곳은 신기술 경연장으로 변했다. 다보스포럼 참석자들은 로봇, 인공지능 등 미래의 기술혁명을 거스를 수 없는 대세로 받아들였다. 4차 산업혁명이 인류에게 한 단계 업그레이드된, 새로운 삶을 안겨 주는 대변혁의 첫걸음이 되는 한편 경제적 측면에서 신성장동력의 원천이 될 것이라는 기대감도 드러냈다.

인공지능 세션에 패널리스트로 참석한 장야친 바이두 사장은 "기계가 점점 똑똑해지면서 사람들이 과거만큼 똑똑하지 못하게 될 것이 염려된다"며 "스마트폰을 통한 검색, 저장에 익숙해지면서 사람들이 머리로 직접 기억하는 비중이 줄고 있다"고 걱정했다. 다보스포럼이 현장에서 공개한 '미래 고용보고서'는 3D 프린팅, 나노기술, 인공지능, 로봇학, 유전자학, 생명과학 등이 결합된 4차 산업혁명 때문에 앞으로 5년간 일자리 500만 개가 사라질 것으로 분석했다.

리옌훙 회장은 "정부가 국립 연구기관과 기업들에 산재한 관련 연구를 빨리 통합해 효율적인 관리 시스템을 구축해야 한다"며 단계적 전략을 제시했다. 첫 단계로 산업용 로봇과 언어, 그림, 영상 인식, 무인 운전, 인공 제어기술, 의료 진단, 무인기 등이 그가 추천하는 미래 기술이다. 그는 '진격 앞으로', '미래를 이끌자', '세상을 바꾸자'며 구호를 외친다. 인공두뇌로 강한 중국을 건설하는 데 바이두가 중심에 서겠다는 각오다.

리옌훙 회장은 "말과 사진은 미래 인간의 주요 표현 방식이 될 것"이라며 "빅데이터와 인공지능은 정보산업 변혁의 핵심 동력이 되고 있다. 우리는 글로벌 혁신센터가 돼야 한다. 바이두가 세계를 바꿔야 할 때"라고 말했다. 그는 또 "인간과 서비스를 연결하는 모바일 인터넷의 광활한 전쟁터가 바로 우리 눈앞에 있다"며 "우리는 업계의 규칙을 새로 쓰고 새로운 시장을 창출할 것이다. 인간의 의식주가 바이두를 통해 더욱 편리해지고 사회경제의 효율이 제고될 것"이라고 자신했다.

제3장

런정페이 화웨이 회장

《서우지중궈(手机中国)》 등 중국 여러 매체 자료에 따르면 화웨이는 2016년 중국 시장점유율 약 16.4%를 기록하며 2위를 차지했다. 그리고 2017년에는 중국 시장점유율 약 22%를 차지하며 1위에 올랐다. 삼성은 3.3%로 애플의 4.7%보다 낮은 점유율을 보이며 8위에 그쳤다.

중국 스마트폰 1위 업체인 화웨이는 창업 초기 뜻밖에도 무역업으로 회사를 유지했다. 1987년 단돈 2만 위안(약 400만 원)을 손에 쥐고 선전의 한 주민 아파트에 둥지를 튼 화웨이의 창립 멤버는 6명이었다. 군인(인민해방군) 출신인 런정페이 회장은 통신 분야 기술장교로 복무하면서 연구·개발 일에는 밝았지만 사업은 해 본 적이 없었다. 심지어 런정페이 회장은 통신 제조 분야에서 문외한이었다. 자의 반, 타의 반으로 런정페이 회장은 개인 자영업자가 될 수밖에 없었고, 회사를 세웠지만 뚜렷한 발전 방향이 없었다. 이에 용존공기부상 장치, 화재경보기 등을 팔았고, 다이어트 약을 판 적도 했다.

그러던 어느 날 런정페이 회장은 지인을 통해 광공업 기업과 호텔 등에서 소형 전화교환기를 많이 사기 시작했다는 이야기를 들었다. 그래서 그는 홍콩 훙녠 공사가 생산하는 HAX교환기(구내전화교환망)를 중국에 유통하기로 마음먹었다. 소형 전화교환기의 인기에 가격이 크게 오르자 런정페이 회장은 HAX교환기를 분해해 화웨이의 독자 생산품인 'HJD48'(48개 포트를 지원할 수 있는 통신기기)을 출시했다. 그리고 1년 만에 화웨이 총 매출은 1억 위안을 돌파했다.

이후 1992년 런정페이 회장은 인민해방군 부속 정보기술학원의 우장싱 원장이 회선 용량이 만 단위에 이르는 전자교환기 개발에 성공했다는 소식을 듣고 전자교환기 개발을 추진했다. 당시 동료의 반대로 인해 창업 멤버의 절반이 지분을 챙겨 화웨이를 떠나기도 했다. 화웨이는 1993년 본격적으로 기기 제조에 나섰으나 중국 소형 교환기 시장은 포화 상태에 이르러 더는 큰 수익은 나지 않았다.

당시 런정페이 회장은 "우리는 아마 벌어들인 돈을 어떻게 써야 할지 몰라 쩔쩔매게 될 것"이라 웃으며 말했다. 하지만 직원들은 회장의 '허풍'이 실현될 것이라 누구도 상상하지 못했다. 이후 화웨이는 중국 내 17개 전신 국과 합자해서 모베이커전원유한공사를 세우는 협상에 성공했고, 3900만 위안을 대출받아 막혔던 자금 문제에 숨통을 틔웠다. 런정페이 회장은 기술 개발에 어마어마한 자금을 투입했고, 마침내 고유의 핵심 기술을 담은 전자교환기 개발에 성공했다.

1994년부터 화웨이는 혼돈에서 벗어나 본격적으로 제 길을 걷기 시작했다. 자신감이 하늘을 찔렀던 런정페이 회장은 1994년 10월에 열렸던 베이징 국제통신박람회에서 화웨이 부스에 중국 국기를 꽂고 "10년 뒤에는 지멘스, 알카텔, 화웨이 3개 기업이 세계 통신 장비 시장을 주도할 것"이라고 바이어들을 만나 호언장담했다. 앞으로 세계 통신 제조업계는 삼분천하가 될 것이며, 그 가운데 하나는 화웨이의 몫이라는 예언이었다.

이후 화웨이 최초의 디지털 프로그램 제어 교환기인 C&C 08이 장쑤성 쉬저우시 피저우현에서 개국하면서 화웨이는 상품과 기술이 전무하던

중국 완다백화점의 화웨이 매장

하루 만에 중국통 따라잡기

무역 시대에서 벗어나 발전 단계로 접어들었다. 1997년에는 화웨이가 쓰촨성(四川省) 전신국과 첫 번째 합자 기업인 쓰촨화웨이를 설립했고, 그 결과 1996년에 4600만 위안이던 쓰촨성 매출이 반년도 채 되지 않아 5억 3000만 위안으로 급증했다. 1998년부터는 톈진, 상하이, 산둥성 등 12개 전신국과 연이어 합자 기업을 세웠다. 런정페이의 선택은 매출 극대화로 돌아왔다. 1996년 화웨이 총 매출 26억 위안에서 1999년 120억 위안으로, 2000년에는 220억 위안으로 증가했다. 이러한 런정페이식 전략은 2016년 스마트폰 시장에서도 그대로 적용되었다. 그리고 이제 화웨이는 애플과 삼성전자라는 양강 구도에 도전장을 내밀며 3강 구도를 형성하고 있다.

끈기 있게 어려움과 싸워 이기는 런정페이 회장

"만병통치약 따위는 없다. 그저 다른 사람이 보기에 '멍청해' 보이는 방법을 동원해서라도 노력을 해야만 자신의 운명을 바꿀 수 있다." 이 말은 화웨이 창업자인 런정페이 회장이 수없이 많은 고비와 위기를 겪으면서 찾아낸 생존 비결이다. 화웨이가 중국에서 성공을 거둘 수 있었던 데에는 창업자의 개성이 가장 큰 빛을 발했다. 특히나 런정페이 회장의 개성으로 묘사되는 것들 가운데 가장 뛰어난 점은 끈기 있게 어려움과 싸울 줄 아는 힘이다.

창조를 위해 몸부림치다 사라진 기업이 많다는 사실을 아는 런정페이 회장은 노력과 열정이라는 정신적인 DNA를 화웨이에 심으면서 자력갱생

했다. 그만큼 노력하는 자를 높이 평가하는 것이 화웨이의 핵심적 가치관이다. 무엇보다 런정페이 회장은 일에 대한 책임감과 공헌도로 사람을 평가해야 한다는 생각을 하고 있다. 이에 화웨이에는 고위 임원은 사명감을, 중간 간부는 위기감을, 직원은 배고픔을 가져야 한다는 조직 문화가 존재한다.

'야전침대' 문화가 대표적이다. 초기 화웨이는 아무런 배경도 우위도 갖지 못한 민간 기업이라 밤낮없이 기술을 연구해야만 했고, 피곤을 이기지 못하면 쓰러져 자다가 일을 마무리해야 했다. 당시 대다수 직원이 기숙사로 돌아가지 않고 사무실 한구석이나 자신의 책상 아래에 야전침대를 깔았다. 지금은 낮잠 잘 때나 쓰라며 야전침대를 지급하지만 사실 여기에는 화웨이인의 노력과 열정이 담겨 있다.

런정페이 회장은 승승장구하는 화웨이에 팽팽한 긴장감을 불어넣고자 쉴 새 없이 위기의식도 조성했다. 그는 "번영 뒤에는 위기가 숨어 있다. 화웨이가 하루라도 노력하지 않았다면 '아웃'당했을 것이다. 그냥 웃자고 하는 소리가 아니라 냉혹한 사실이다"라는 경고도 쏟아 냈다.

실제로 런정페이 회장은 성공에 도취한 임원의 마음가짐을 다잡기 위해 1996년 벽두에 마케팅 부서의 관리직 전원에게 사표를 받고, 한 달 동안 내부 공개경쟁 방식으로 엄격한 평가를 거쳐 재임용 여부를 심사하기도 했다. 모든 직원이 승진할 수도 있지만 좌천될 수도 있다는 것을 알리기 위해서였다. 이때 창업 멤버 3분의 1이 회사를 떠났지만, 직원들은 해이해진 마음을 다잡고 긴장을 늦추지 않게 하기 위한 런정페이 회장의 마음을 이해했다. 되레 임직원들은 "봉황은 불에 타도 죽지 않는다"라고 외치며 서로를 격려했다. 이후에도 런정페이 회장은 1997년 화웨이 기본법

대토론, 1998년 미성숙한 제품개발 반대 운동, 2000년 사내 창업, 2007년 1만 직원 권고사직 등 수많은 사내 캠페인을 진행했다.

2000년 마케팅 부서 단체 사표 캠페인을 기념하는 자리에서 런정페이 회장은 "창업 멤버들의 명예만 지켜 주려 한다면 그것은 미래를 저버린 것과 같다. 4년 전 마케팅 부서의 단체 사표가 없었다면 아무리 선진적인 경영 시스템을 도입했더라도 화웨이에 뿌리내리지 못했을 것"이라고 말하며 발전을 방해하는 고질병을 도려내겠다는 의지를 보였다. 런정페이 회장은 고위 임원의 경우 상대적으로 많은 연봉을 받는 만큼 사업을 성공시키겠다는 사명감도 필요하다고 강조했다. 이에 런정페이 회장을 비롯한 화웨이 모든 경영진은 지난 20여 년간 24시간 내내 휴대폰을 켜둔 채로 살아왔다.

중국 내에서든 해외에 있든 휴대폰이 울리면 반드시 받아야 한다는 게 화웨이의 불문율이다. 이러한 불문율이 생기게 된 배경에는 과거 런정페이 회장이 비행 중 동행한 의사의 충고가 큰 영향을 미쳤다고 한다. 이집트 카이로발 카타르 도하행 노선에 탑승했던 런정페이 회장은 비행 중 조종사가 기체를 제어하지 못하는 것처럼 덜컹거리는 경험을 한 바 있다. 카이로로 회항한 후 런정페이 회장은 동행한 승객에게 무섭지 않았냐고 물었다. 의사였던 그 승객은 런정페이 회장에게 말했다.

"생명이 위독한 환자의 눈빛을 본 적 있습니까? 지금 이 순간을 살아가려면 매일 제대로 충실히 살아야 합니다."

런정페이 회장은 의사의 충고에 정신이 번쩍 들었다. 그래서 그는 비행기 티켓을 취소할 생각을 접고 2시간 뒤 다른 비행기로 갈아타 서둘러 도하로 발걸음을 옮겼다고 한다.

늑대처럼 뭉치고 싸우는
화웨이의 늑대 문화

런정페이 회장은 44세가 되던 해에 화웨이를 세웠다. 44세가 되기 전까지 속된 말로 런정페이 회장은 엘리트였다. 하지만 폐쇄적인 시대였던 당시 '민간 기업'이라는 신분으로 밑바닥부터 내공을 쌓은 런정페이 회장은 불행히도 화웨이가 성장을 구가하기까지 20여 년 동안 수많은 시련과 체제의 한계에 시달려야 했다. 온갖 우여곡절 끝에 런정페이 회장은 마지막까지 견뎌 내는 자가 진정한 승리자라는 것을 깨우치게 됐고 이러한 배경을 통해 화웨이 특유의 '늑대 문화'가 비집고 나오기 시작했다. 화웨이는 늑대처럼 수단과 방법을 가리지 않고 어디서건 이빨을 드러내곤 했다. 창립 후 10년간 화웨이에게 성장은 거부할 수 없는 당연한 이치였다.

런정페이 회장은 "늑대의 생존 발전에 부응하는 조직과 시스템을 갖추고, 승부욕이 강한 공격형·확장형 임원을 대거 유치하고 양성해야 한다"면서 "시장을 개척할 '낭(狼)'을 앞세우고 동시에 인솔에 능하고 종합적인 경영 플랫폼을 구축할 줄 아는 '패(狽)'가 필요하다"라고 강조했다. 여기서 '낭'은 앞다리가 길고 뒷다리가 짧은 늑대(공격성)를, '패'는 앞다리가 짧고 뒷다리가 긴 늑대(관리성)를 말한다. 두 짐승이 나란히 걷다 사이가 벌어지면 순간 균형을 잃고 넘어져 당황하게 되는 것을 가리켜 '낭패(狼狽)'라 하고, 기업 역시 마찬가지라는 얘기다. 그 다음 런정페이 회장은 '화웨이의 붉은 깃발은 언제까지 펄럭일 것인가?'라는 글에서 처음으로 '늑대 문화'를 주창했다. 특히 기업이 발전하려면 낭과 패의 세 가지 특징인 민감한 후각, 불굴의 진취성, 팀플레이 정신 등을 지니고 있어야 한다고 강조했다.

이후에는 이보다 한결 진취적인 관점을 제시했다. 당시 런정페이 회장은 "7~8년간의 노력을 통해 많은 이가 화웨이를 알게 됐고, 우리를 친구로 여기기 시작했다. 고객에게 양질의 서비스를 제공하기 위해 서로 경쟁하되, 개발 비용을 절감하는 문제에 대해 서로 협력을 추구했다. 이러한 경영상의 변화는 화웨이의 발전 추세에 고스란히 반영돼 한층 역사적인 변화를 맞이하게 될 것이다"라고 말했다. 경쟁자와의 협력을 화웨이의 미래를 바꿀 수 있는 수준으로 끌어올리자는 게 주요 취지다.

경쟁자와 협력이 시작된 시기는 2003년 하반기부터다. 화웨이는 지멘스, 노던텔레콤, 알카텔 등의 특허를 유상으로 공유한다는 내용의 합의서를 차례로 서명했고, 이는 화웨이가 해외시장에서 경쟁할 수 있는 기본 자격을 얻고 생존 공간을 확보하는 데 결정적인 도움을 줬다. 사실 2003년 전만 해도 유럽과 미국의 기업들은 화웨이가 경쟁입찰에 참가하기만 하면 서로 뭉쳐 기술 요건을 강화하는 방법으로 화웨이를 경쟁입찰에서 내몰기도 했다. 하지만 화웨이가 기업 간 파트너십을 강화해 우호적인 관계가 된 후에는 서비스를 제공하며 협력했고, 화웨이를 겨냥했던 지뢰들도 자연스레 없어졌다.

런정페이 회장은 직원들에게 특허의 중요성도 역설했다. 이와 함께 특허 기술을 발명하면 거액의 성과급을 지급하고 특허에 개발자 이름을 올려주는 특전을 제시하며 연구 활동을 독려했다. 그 결과 2000년에는 국제 특허를 단 한 건 신청하는 데 그쳤던 화웨이가 2006년 기준으로는 국제 특허를 575개나 보유해 세계에서 특허가 열세 번째로 많은 기업이 됐다. 2007년에는 1365개로 세계 4위를 차지했고, 2008년에는 1737개로 필립스(1551개)와 파나소닉(1729개)을 넘어 세계에서 가장 많은 특허를 보유한 기업이 됐다. 이때까지 화웨이가 받은 국제 특허는 총 3만 6000여 개에 달했는데 이는 중국 기업 전체 특허의 절반에 해당하는 양이다. 그렇다고 해서 협력이 곧 동맹, 결맹을 의미하는 것은 아니다. 자칫하다가는 화웨이를 또 다른 형태의 폐쇄적 틀 안에 가둘 수도 있고 다른 동맹에 잡아먹힐 빌미를 제공할 수도 있어서다.

시스코의 공격으로
세계로 출격하는 화웨이

화웨이의 성장사에서 가장 힘들었던 시기는 2000년대라고 할 수 있다. 당시 화웨이는 하버네트워크와 시스코로부터 양면 공격을 받았고, 미국 정부와 매스컴의 간섭과 견제에 시달리기도 했다. 이러한 시기에 런정페이 회장은 고혈압과 당뇨병으로 쓰러졌고 암 수술을 두 차례나 받는 등 우울증을 동반한 육체적 고통에 시달리기도 했다.

특히나 2003년은 화웨이에 악몽으로 기억되는 해이다. 1월 22일 전 세계 데이터 통신업계의 거두인 시스코가 화웨이를 상대로 난데없이 공세를 펼쳤다. 시스코는 화웨이를 지적재산권 침해죄로 고소해 70여 쪽에 달하는 기소장을 제출했다. 그 내용을 들여다보면 거의 모든 지적재산권의 카테고리를 죄다 동원해 작성했다고도 전해진다. 엎친 데 덮친 격으로 시스코는 미국 텍사스주 동부 마셜(Marshall) 연방법원에 기소장을 접수했다. 게다가 미국의 국가 안보부터 불공정 경쟁에 이르기까지 '화웨이 때리기'

의 소재는 나날이 다양해졌고, 화웨이를 좀도둑에 기술 탈취범으로까지 내몰았다. 또 미국 기업의 시장 지위를 보호하기 위해 보호주의 무역이라는 수단으로 화웨이를 미국 시장에서 밀어내려 했다. 2007년 이후에는 화웨이가 이라크와 이란 등 반미 국가에 설비를 수출함으로써 미국의 국가 이익을 위태롭게 한다는 보도까지 나올 정도다.

본격적인 소송전이 시작되면서 중국 내에서는 온갖 유혹이 쏟아지기 시작했다. 중국 내 언론과 정부는 화웨이가 지원을 얻으려면 '민족 기업을 수호하자'는 기치를 걸어야 한다고 주장했다. 하지만 화웨이 경영진은 이를 단호하게 거절했다. 국제 재판인 데다 미국에서도 보수적인 텍사스주에서 사안이 진행되는 만큼 민족적 감정을 운운했다가 되레 사태를 악화시킬 수 있다고 판단해서다. 무엇보다 위기를 잘 잡으면 오히려 기회가 될 수 있다고 확신한 런정페이 회장은 최고의 실력을 자랑하는 법률고문을 고용해 소송전과 언론전에서 시스코와 정면 승부에 나섰다.

2년 가까이 진행된 법정 싸움에서 재판부를 비롯한 언론은 두꺼운 돋보기를 들이댄 채 화웨이의 이모저모를 캐기 시작했다. 그 후로도 화웨이는 유럽과 미국, 심지어 정부기관으로부터 번갈아 가며 고문을 당해야만 했다. 그때 있었던 화웨이의 수모를 두고 쓰리컴(3Com)의 CEO인 브루스 클라플린은 '흥미진진한 한 편의 연극' 같다고 표현했다.

우여곡절 끝에 2004년 7월 화웨이와 시스코의 재판은 막을 내렸다. 화웨이와 시스코는 사과는 물론 별도의 배상 없이 서로 각자의 제품을 판매하고 각자 소송비를 낸다는 판결문에 합의했다. 그리고 시스코는 같은 문제에 대해 영원히 화웨이에 소송을 제기할 수 없다는 내용에 서명했다. 이를 두고 런정페이 회장은 시스코가 화웨이를 위해 수십 억 달러짜리 공짜 광고를 만들어 줬다고 설명했고, 화웨이의 국제화가 본격적으로 시작될 것으로 전망했다.

실제 2003년부터 화웨이의 상품은 국제시장에서 승승장구했고, 서유럽과 북유럽 등 유럽 전체 대륙으로 팔려 나가기 시작했다. 심지어 일본과 라틴 아메리카, 미국까지 진출하는 쾌거를 이뤄 냈다. 결국 2010년 화웨이의 판매 수익 가운데 70%는 해외시장에서 벌어들이게 됐고, 시스코와의 싸움은 화웨이에게 위기이자 전환점이 됐다.

시스코가 화웨이를 고소하면서 생겨난 위기 그리고 그 위기를 기회로 바꾸는 과정에서 화웨이는 많은 것을 배웠다. 특히 2008년 런정페이 회장은 궁극적으로 '대기업병'이라 불리는 조직 피로 현상을 해결해야 한다고 강조했다. 또 상대방이 화웨이에 대해 제멋대로 결론을 내리지 못하도록 자신을 단속하라 부탁했다. 런정페이 회장은 "20여 년 동안 한결같은 노력과 실천을 통해 자기반성이 기업의 성장에 얼마나 중요하게 작용하는지 깨달았다. 국제화를 향해 달려가고 있는 상황에서 끊임없이 자기반성을 하지 않았다면 기존의 경영 제도는 개선되지 않았을 것이다"고 말했다.

명실상부한
세계 중심에 서다

작은 작업실에서 6명이 시작한 화웨이가 수만 명의 직원을 보유한 대기업으로 성장하기까지 20여 년의 과정을 겪으면서 화웨이는 하드웨어 측면에서는 글로벌 기업의 기본 조건을 갖추게 됐다. 그러나 '늑대'에서 '사자'로 변신하려면 더 선진화된 내부 정책 결정과 제어 시스템을 구축해야만 했고, 화웨이는 냉혹하면서도 서늘한 빛을 뿜어내는 칼을 뽑아내야만 했다. 그런 점에서 1997년은 화웨이의 역사상 분수령이 되는 해라고 할 수 있다. 이때부터 런정페이 회장은 세계적인 경영컨설팅업체의 경영 노하우를 체계적으로 도입하기 시작했다. 재무, 마케팅, 품질 등 다양한 분야에서 IBM, PwC, 헤이컨설팅, 브라운호퍼 등의 컨설팅 전문 그룹과 긴밀한 협력을 통해 프로세스와 경영 시스템을 전면적으로 구축하는 작업에 착수했다. 당시 런정페이 회장의 말을 빌리면 일종의 조직 혁명이었다.

1997년 화웨이는 서양 출신의 고문을 대거 고용하고 서구식 혁신을 추진했다. IBM이 당시 화웨이의 경영 현황을 진단한 보고서를 살펴보면 미래 지향적인 고객 니즈에 대한 관심 부족, 비효율적인 반복 업무, 자원 낭비, 고비용, 부서 간 심각한 파벌 싸움 등의 문제가 곳곳에 자리했다. 결국 런정페이 회장은 "여러분에게 '미국 신발'을 신길 겁니다. 이를 위해서 미국 고문들에게 '미국 신발'이 정확히 어떤 것인지 알려 달라고 할 겁니다"라고 말했다. 초기 문화를 완전히 뒤집어엎은 조치에 기득권 중심의 저항 혹은 소극적인 반대에 부딪혔으나, 화웨이는 신발을 신기기 위해서라면 발을 잘라 내겠다는 각오로 엄격한 원칙을 발표했다. 이에 IBM은 화웨이에서 14년 동안 경영 혁신을 추진했다. 여기에 투입된 전문가만 70명으로, 이들의 시간당 임금은 300~600달러에 달했다. 14년간 화웨이는 경영 혁신을 뚝심 있게 추진했고, 혁신에 반기를 들거나 적응하지 못한 직원들은 화웨이를 떠났다. 좌천당하거나 면직된 중·고위급 간부가 100명이 넘을 정도다. 이들 대부분은 남다른 재능을 소유한 자들로 화웨이의 성장에 중요한 공헌을 했다. 하지만 프로세스 혁신이라는 새 바람이 불면서 자리를 내줘야 했다.

가장 획기적이고 직접적인 조치는 2004년부터 도입된 'CEO 순환' 제도다. 한마디로 최고경영기구 구성원들이 6개월씩 돌아가면서 CEO를 맡는다. 이는 조직 전체의 균형적인 발전과 공동의 책임 의식을 끌어내기 위해 런정페이 회장이 경영권마저 내놓은 상징적인 조치였다. 어디에서도 보기 힘든 CEO 순환 제도가 실시된 후 화웨이 내부에서는 감독과 경쟁이 강화되고 각 사업 부문이 균형적으로 발전하기 시작했다. 런정페이 회장은 "이제는 개인이 권력을 휘두르며 정책을 결정하는 시대가 아닙니다. 언제나 회의와 토론을 통해 모든 것을 결정해야 합니다. 개인의 권력과 권위를 부정해야 건강한 조직, 개인에 의존하지 않는 조직을 만들 수 있습니다"라고 조언했다.

이후 2006년 화웨이의 총 매출은 85억 달러로 뛰어올라 모토로라, 시스코시스템즈를 제치고 업계 5위를 차지했다. 하지만 해외 주문이 점차 많아지고 금액도 커지면서 현행 시스템으로는 재무관리를 감당하기 어려운 지경에 이르렀다. 이에 런정페이 회장은 2007년 다시 한 번 IBM과 손잡고 재무관리 시스템 혁신을 시작했다. 더불어 2008년부터 액센추어 컨설팅과 손잡고 전 세계 300여 핵심 타깃에 대해 고객관계관리(CRM)를 시작했다. 이외에도 화웨이는 9개였던 해외 본부를 22개로 나눠 직원들이 현장에서 고객의 소리를 더 잘 들을 수 있도록 했다.

결국 화웨이는 2008년 세계 금융 위기에도 흔들리지 않고 233억 달러에 달하는 계약을 맺을 수 있었다. 2009년에는 3세대(3G) 이동통신기술의 절대 우위를 내세워 중국에서만 100억 달러의 매출을 올렸고, 에릭슨의 뒤를 이어 업계 2위로 올라섰다. 서방의 통신 기업과 업계를 '삼분천하'하겠다는 런정페이 회장의 오랜 꿈이 이루어진 셈이다. 그 해 화웨이는 미국의 종합 경제지《포천(Fortune)》이 선정한 '세계 500대 기업' 가운데 397위에 올라 명실상부한 글로벌 기업이 됐다.

제4장

마윈 알리바바 회장

마윈 회장은 IT버블이 절정이던 1999년 전자상거래 기업 '알리바바'를 창립했다. 'B2B(Business to Business, 기업 간 거래) 인터넷 중개 사이트' 라는 비즈니스 모델을 창안한 것이다. 사실 창립 몇 해 전까지 중국에 '전 자상거래'라는 용어는 존재하지 않았다. 인터넷도 생소하던 시절이었다.

3년 동안 수익이 없었다. 다들 비웃었다.

알리바바 창업 이후 해외 매체 홍보에 열을 올리던 마윈 회장은 영국 BBC 방송에 출연해 "인터넷을 통해 수익을 내고 있느냐"는 진행자의 질문을 받았다. 그가 "현재 우리 사이트는 수익이 없다. 관심을 끌기 위해 무료로 서비스를 제공하고 있다"라고 설명하자 진행자는 "거창한 주장을 펼치고 있지만 정작 돈을 벌지 못하면 허풍과 다름없다"고 공격적으로 말했다. 마윈 회장은 당황한 기색 없이 웃음을 띠며 "그게 인터넷"이라며 "내게 인터넷은 사람들을 연결해 주는 다리"라고 말했다. 그는 "중국 정부가 인터넷 서비스를 시작하기도 전에 사업을 시작했다"며 "중국은 문호를 개방하고 있고 더 힘든 상황을 겪겠지만 알리바바는 80년 이상 성장할 것"이라고 덧붙였다.

마윈 회장은 성공을 확신했다. 그는 '혁신'의 힘을 믿었다. 알리바바는 중국이나 미국에서 찾을 수 없는 새로운 방식으로 개발됐다. 1990대 말 전자상거래 회사들이 다들 대기업에 초점을 맞출 때 알리바바는 오로지 중소기업에 집중했다. 마윈 회장은 인터넷 시대에는 대기업 모델이 막을 내릴 것이라 예상했다. 대신에 수많은 중소기업들이 다양한 정보를 빨리 접해 거래나 결제를 할 수 있게 해 주는 사업 전략이 먹힐 것으로 내다봤다.

사업자와 사업자가 전자상거래 플랫폼을 매개로 거래하는 알리바바의 새로운 방식은 아시아 시장에 딱 맞아떨어졌다. 마윈 회장의 남다른 안목과 혁신에 힘입어 알리바바는 뉴욕증권거래소에 상장했고, 시가총액 2314억 달러(약 240조 원)로 페이스북과 아마존을 앞질렀다.

마윈 회장은 IT버블이 꺼진 2003년 개인 간 온라인 장터인 '타오바오(淘宝网)'를 만들었다. 손정의 소프트뱅크 사장의 언급이 계기가 됐다. 손 사장은 "이베이가 넘을 수 없는 높은 벽으로 보이지만 사실은 아니다. 일본에서는 야후가 이미 이베이를 제쳤다. 이제 중국, 마윈 당신의 차례다"라고 했다. 사람들은 당시 중국 전자상거래 시장을 주무르던 이베이를 경쟁 상대로 삼은 그를 '미치광이'라고 불렀다. 마윈 회장은 '3년간 등록 수수료와 결제 수수료 무료' 전략을 펼쳤다. 결과는 마윈의 승. 이베이는 결국 중국에서 철수했다. 마윈은 '중국판 포브스'라 불리는 후룬연구원에서 발표한 2013년 중국 10대 혁신 기업가 1위에 올랐다.

고객이 먼저 돈을 벌고
그 다음이 우리!

"고객이 왕이다"라는 말은 이제 진부하다. 기업가나 고객 당사자에게도 이 말은 '1+1=2' 공식처럼 흔한 표현이 됐다. 그런데 "고객은 영원한 신(神)"이라고 말하는 사나이가 나타났다. 고객을 왕처럼 모시는 데에서 더 나아가 고객의 주머니까지 기업이 불려 줘야 한다는 것이다. 중국 최대 전자상거래업체 알리바바의 마윈 회장은 미국발 금융 위기가 터지기 직전 모든 직원들에게 다음과 같은 편지를 보냈다.

"세계경제에 문제가 생겼으니 모든 기업은 도전을 맞이할 준비를 해야 한다. 알리바바나 인터넷업체는 다른 일반 기업들처럼 특별히 어려움을 겪진 않겠지만 모든 사람이 위기를 겪게 될 것이므로 우리도 마음의 준비를 해야 한다. 알리바바의 주요 고객인 중소기업이 앞으로 매우 심각한 생존 위협을 받게 될 것이다. 우리 고객이 추운 겨울을 무사히 보낼 수 있도록 알리바바가 적극적으로 도와야 한다."

　적자생존의 잔인한 법칙이 지배하는 시장에서 이처럼 고객의 생존까지 챙기는 회사는 찾아보기 힘들다. 사업가 마윈은 고객을 가장 큰 자산으로 여겼다. 알리바바의 모든 서비스 역시 고객이 수익을 내고 가치를 창출하는 데 초점을 두고 있다. 전자상거래 수수료를 받지 않은 것도 이 때문이다. 마윈은 수익 창출이 뒷전으로 밀린 것이 아니냐는 비판에 "유료화를 못 하는 게 아니라 안 하는 것"이라며 "기업이 고객에게 가치 창출을 해 주기 전에 돈을 받는 것은 부도덕한 행위"라고 말했다. 그는 "고객이 먼저 돈을 벌 수 있도록 해 줘야 한다. 그 다음 차례가 우리"라고 했다. 심지어 마윈은 공개적으로 주주보다 고객이 더 중요하다고 거듭 밝혔다. 그는 "고객은 부모이며 주주는 외삼촌"이라며 "우리를 먹여 주고 입혀 주는 존재가 바로 고객"이라고 강조했다.

　마윈의 목표는 세상 모든 사람들이 전자상거래를 쉽게 하는 것이다. 마윈은 고객 만족을 극대화하기 위해 '한 장의 천' 서비스를 도입했다. 이는 세계 최대 가전제품 회사 하이얼그룹이 쓰는 전략으로 하이얼 직원이 가전제품을 설치하기 위해 고객의 집에 방문할 경우 천으로 자신이 디딘 바닥을 깨끗이 닦는 서비스다. 마윈은 알리바바를 찾은 고객이 손잡이를 돌리면 물이 바로 나오는 상수도 시설처럼 일사천리로 일 처리를 할 수 있도록 했다. 마윈은 이를 위해 야후 중국을 인수해 정보의 흐름을 원활하게 했다. 또 중국 우정국과 협력해 물류를 편리하게 만들었고, 자금 문제를 해결하기 위해 은행과 협력해 알리페이를 출시했다. 이 모든 과정이 오로지 고객의 편의를 위해 나온 것들이다. 결과적으로 알리바바의 헌신은 고객들이 지갑을 기꺼이 열게 만들었다. 알리바바 회원 가운데 70%는 입소

문을 통해 온 사람들이다. "고객이 무너지면 우리에게도 봄날의 태양은 없다"고 강조한 마윈의 생각은 틀리지 않았다.

형편없는 직원은 없다
형편없는 리더만 있을 뿐

사마천의 『사기(史記)』 중 「자객열전(刺客列傳)」에는 이런 말이 있다. "선비는 자기를 알아주는 사람을 위해 죽는다." 중국 거대 온라인 기업 알리바바의 마윈 회장은 이 말의 의미를 간파한 사람이다. 그는 "오늘날 알리바바가 이룬 성과는 절대 혼자 이룬 것이 아니다. 나는 5%의 도움만 됐을 뿐"이라며 "알려지지 않은 영역에서 묵묵히 일하고 나를 앞으로 내세워 준 직원들 덕분"이라고 입버릇처럼 말하곤 했다.

지난 2003년 사스(SARS, 중증급성호흡기증후군)가 중국을 강타했을 때 알리바바도 위기를 맞았다. 당시 한 직원이 광저우 수출 상품 박람회에 갔다가 사스에 전염됐으나 이 사실을 모른 채 회사로 돌아와 계속 근무한 것이다. 이 직원은 며칠 뒤 사스 환자로 판명됐고 알리바바는 중점 방역 대상으로 확정됐다. 회사 건물은 폐쇄됐다. 직원 가족들과 지역 주민들은 마윈을 향해 원성을 높였다. 그가 광저우에 사스 전염병이 퍼진 것을 알면서도 직원을 보냈기 때문이다.

마윈은 한밤중에 전 직원에게 사죄의 이메일을 보냈다. 그는 "회사의 대표로서 모든 책임을 지겠다"면서 "정상적인 생활도, 일도 할 수 없게 해서 정말 미안하다. 우리 때문에 손실을 본 모든 사람에게 나의 미안한 마음을 전해 달라"고 했다. 그는 "몸을 잘 챙기는 것이 무엇보다 중요하다"며 "앞으로도 제가 아는 것을 투명하게 공개하겠다"고 덧붙였다. 마윈은 직원들에게 미안하다고 말할 줄 아는 리더였던 것이다. 이 일을 계기로 마윈은 사람의 마음을 얻었고 직원들이 오히려 회사를 위해 단결하도록 만들었다.

마윈은 기업 문화가 직원들의 사기에 미치는 영향을 잘 알았다. 그는 알리바바가 직원들이 즐겁게 일하는 곳이길 바랐다. 마윈은 "직원들이 업무에 부담을 느끼고 고행하는 스님처럼 살아가기를 원치 않는다"며 "웃음이 사라진 회사는 괴롭다. 직원들이 미친 듯이 일하고 웃으면서 퇴근하는 모습을 보고 싶다"고 말했다. 마윈은 즐겁고 부담 없는 업무 분위기가 형성돼야 직원들이 '미친 듯이' 일할 수 있다고 믿었다. 또 마윈은 '고객 감동'에 앞서는 것이 '직원 감동'이라고 봤다. 직원이 있어야 고객도 있을 수 있기 때문이다. 그래서 마윈은 직원 가족에게 손수 쓴 편지를 명절에 보내기도 한다. 스카우트 제의를 받고 고민하던 한 직원이 이에 감동해 알리바바에 남기로 했다는 일화는 유명하다. "기업 문화를 이용해 인재를 머무르게 하고 싶다"는 마윈의 경영 전략이 통한 것이다.

마윈은 자신이 고용한 직원들이 훌륭한 인재로 성장하도록 최선을 다한다. MBA 과정과 실무 훈련을 접목한 교육기관과의 협력을 통해 직원에게 공부할 기회를 주는 것이다. 2004년 9월 기업을 위한 온라인 학교 알리학원을 설립한 이유도 여기에 있다. 알리학원은 직원뿐만 아니라 일반인에게도 전자무역 관련 온·오프라인 수업과 전문가 자문 서비스를 제공한다. 알리학원 창립 당시 마윈은 기업 광고에 돈을 투자하지 않았다. 대신에 직원 교육을 통해 인재를 육성한 알리바바는 2014년 중국 국내총생산

(GDP)의 2%를 차지하는 매출을 냈다. 직원 투자보다 더 큰 투자는 없다는 것을 잘 보여 준 사례다.

6분 만에 얻어 낸
손정의 사장의 투자

6분. 알리바바의 마윈 회장이 일본 벤처 투자의 큰손인 손정의 소프트뱅크 사장의 마음을 얻는 데는 긴 시간이 필요하지 않았다. 1999년 10월 31일 마윈 회장은 모건스탠리 아시아 지사 연구원인 구타(古塔)의 소개로 중국 베이징에서 손 사장을 만났다. 구타 연구원은 "어떤 사람이 만나 보고 싶어 하니 그를 좀 만나 봐라"는 말만 했다. 딱 두 달 전 골드만삭스로부터 500만 달러(약 59억 2000만 원)의 투자를 받아 낸 마윈 회장으로서는 또 다른 투자자와의 만남이 그리 중요하지 않았다. 구타 연구원의 재촉으로 결국 손 사장과 마주한 마윈 회장은 투자 유치보다는 알리바바의 목표를 소개하는 데 중점을 뒀다.

마윈 회장이 입을 연지 6분 만에 손 사장은 4000만 달러(약 473억 6000만 원)를 투자하겠다고 선언했다. 마윈 회장은 20일 뒤 일본 도쿄에서 손 사장을 다시 만나 2000만 달러(약 236억 8000만 원)를 투자받기로 했다. 알리바바는 손 사장의 투자 덕분에 2000년 IT버블 붕괴로 불어닥친 한파를 이겨 낼 수 있었다. 마윈 회장은 알리바바가 중국을 넘어 전 세계로 뻗어 나갈 수 있다고 믿었다. 그는 인터넷이 중국을 변화시키고 동시에 중국의 전자상거래가 발전할 것이라고 자신했다. '투자의 귀재' 손 사장은 6분

동안 마윈 회장의 눈빛, 말투, 몸짓에서 확신과 비전을 읽었을 것이다.

중국 IT업계의 공룡이 된 알리바바가 사업 초기부터 낙관적이었던 것은 아니다. 마윈 회장은 1999년 2월 20평짜리 아파트에 18명의 동료와 50만 위안(당시 7000만 원)의 자본금 그리고 단돈 500위안(당시 7만 원)으로 알리바바를 창업했다. 적절한 수익 모델을 찾지 못했고 수입은 없는데 운영비는 계속 들었다. 불가능한 사업을 펼친다며 마윈 회장을 헐뜯는 사람이 수두룩했다. 주변인들은 알리바바가 절대 살아남을 수 없을 것이라고 고개를 저었다. 하지만 이는 다른 이들의 생각일 뿐이었다. 마윈 회장은 성공할 수 있다는 확신을 멈추지 않았다. 그는 자신이 옳다는 것을 행동으로 밀고 나가면서 욕먹을 각오가 돼 있었다.

마윈 회장은 "당신이 말하는 것이 모두 맞고 다른 사람도 동의한다고 해서 결국 얻는 것은 무엇인가. 그것보다는 당장 무엇을 할지 아는 것이 필요하다"는 말을 가슴에 새기고 또 새겼다. 관얼다이(官二代, 공직자 자제)도, 푸얼다이(富二代, 재벌 2세)도 아닌 그는 외부 조건에 의지하지 않고 자신의 신념을 믿었다. 이러한 점이 오히려 중국인들이 마윈에 열광하게 만들었다. 최근 베이징대학교 시장마케팅연구센터가 주링허우(九零後, 90년대생)를 대상으로 한 설문 조사에서 마윈이 '존경하는 인물' 1위에 오른 이유도 여기에 있다. 포기하지 않으면 반드시 희망이 있다는 것을 자신의 삶으로 증명해 줬기 때문이다.

"일을 잘하고 있는지 저 자신을 자주 의심하지만 신념을 의심해 본 적은 없다. 신념과 자기 자신이 같은 것은 아니기 때문이다."

손에 아무것도 쥔 것 없이 시작한 그를 이제 미국의 《포천》은 '중국 인터넷의 왕', 영국의 《파이낸셜타임스》는 '중국을 변혁하기로 한 억만장자'

라고 부른다. 이처럼 큰 성공은 가슴 속 작은 신념에서부터 시작되는 것이다.

실패와 불운에 맞짱 뜨는
마윈 회장

"기업은 대부분 갑작스러운 추위에 얼어 죽는 것이 아니라 다가오는 추위에 놀라 심장마비로 죽는다."

알리바바의 마윈 회장이 가장 경계한 것은 실패 그 자체가 아니었다. 실패로 인한 두려움이었다. 그는 오히려 실패를 당연한 것으로 봤다. 오늘이 아닌 내일에는 더 나쁜 일이 생길 것으로 생각했다. 이렇게 하면 실제로 어려운 일이 닥쳤을 때 겁먹지 않고 맞설 수 있었다. 마윈 회장은 예상치 못한 어려움에 부닥치면 '오냐, 내가 또 한 번 견뎌내 주마'라고 되뇌었다. 그는 "이렇게 과감히 부딪치다 보면 차츰 역경에 대한 맷집이 생기고 자신감도 붙는다"고 말했다. 그는 실패나 불운을 피하지 않고 직면했다.

1995년 마윈 회장은 기업의 홈페이지를 개설해 주고 운영을 대행하는 웹사이트 중궈황예(中國黃頁)를 만들었다. 마윈 회장의 사업은 승승장구했고 이에 항저우텔레콤이 인터넷 사업에 눈독을 들이기 시작했다. 항저우텔레콤은 중궈황예의 홈페이지(www.chinapage.com)와 비슷한 웹주소(www.chinesepage.com)를 등록해 시장을 야금야금 잠식했다. 마윈 회장은 버틸 때까지 버티다 결국 1년 뒤 항저우텔레콤과 합병하기로 했다.

중국 항저우시에 있는 알리바바 본사

　항저우텔레콤이 지분의 70%를 보유한 반면, 지분이 30%밖에 없던 마윈 회장은 경영 발언권이 거의 없었다. 마윈 회장은 회사를 '중국의 야후'로 키우고 싶었지만 항저우텔레콤의 주요 목적은 이윤이었다. 마윈 회장이 회사를 위해 내놓은 혁신적인 계획들은 받아들여지지 않았다. 대주주 항저우텔레콤의 전횡에 못 이겨 마윈 회장은 결국 이 사업에서 손을 뗐다. 하지만 움츠러들지 않았다. 첫 인터넷 사업에서는 실패했지만 도전 정신을 잃지 않고 또 다른 길을 모색했다. 이후 비장하게 만든 회사가 바로 알리바바다.

　고난 앞에서 죽기 살기로 버텨야 한다고 자신을 채찍질만 했던 것은 아니다. 마윈 회장은 자신에게 '괜찮다. 나는 나다. 아직 크는 법을 배우는 중이다. 최소한 아직 살아는 있으니까'라고 말할 줄 알았다. 그는 "힘들 때는 왼손으로 오른손을 감싸 안는 법을 배워야 한다"면서 "지혜, 희망, 용기는 경영에 필요한 '스킬' 같은 것"이라고 강조했다. 또 난관에 부딪히면 이를 극복하는 데 그치지 않고 그 안에서 배울 것을 찾아냈다. 마윈 회장은 경찰 모집에 떨어지고 패스트푸드점 KFC와 호텔 입사 시험에도 탈락했다. 그는 대학생을 대상으로 한 강연에서 "일을 시작하기 전에 서른 번도 넘게 거절당해 봤다"며 "수없이 거절당하고 좌절을 겪으면서 오히려 많은 것을 배웠다"고 말했다. 마윈 회장은 스스로 말한다. "남보다 운이 좋은 것이 아니다. 끈기가 더 있었을 뿐이다. 나는 어려운 상황에서 남보다 1~2초 더 견딜 수 있다."

제5장

레이쥔 샤오미 회장

한국에 나갔을 때 지하상가 매장에 들러 요즘 가장 잘 나가는 보조 배터리를 달라고 했다. 매장 직원은 샤오미 보조 배터리를 추천하며 요즘 이 제품이 대세라고 알려 줬다. 얼마 전에는 TV가 필요해서 중국인 친구에게 TV를 추천해 달라고 했다. 그 친구는 주저 없이 샤오미 TV를 추천했다.

샤오미는 이미 핸드폰을 넘어 우리 가정 깊숙이 들어와 있었다.

지난 2010년 4월 설립된 샤오미(X)는 바이두(B), 알리바바(A), 텐센트(T) 등 이른바 BAT와 함께 중국을 대표하는 4대 기업(TABX)으로 꼽힌다. 글로벌 스마트폰 시장점유율에서도 샤오미는 삼성전자와 애플에 이어 화웨이 등과 함께 톱5를 유지하고 있다. 설립 1년 6개월 만인 지난 2011년 6월 첫 번째 레퍼런스폰(스마트폰 제조사와 앱 개발자에게 기준이 되는 스마트폰)인 '미1(Mi1)'을 출시했다는 점을 감안하면 대단히 가파른 성장세다.

샤오미의 성공을 이끈 건 단연 창업자이자 CEO인 레이쥔이다. 특히 1969년생인 레이쥔은 마흔이 넘은 나이에도 새로운 도전에 성공해 수많은 사람들에게 감동을 남겼다. "내일 죽어도 오늘 창업을 하겠다"는 레이쥔의 철학이 빛을 발한 셈이다.

IT 전문가들은 이런 레이쥔의 인생을 크게 3기로 나눈다. 중국을 대표하는 IT 엘리트, 소프트웨어 개발자로 킹소프트의 성공을 이끈 시기가 1기(과거)라면, 킹소프트를 떠나 샤오미를 설립하고 세계적인 기업으로 성장시킨 시기가 2기(현재)로 구분된다. 그리고 삼성, 애플 등과 맞서며 또 한 번의 도약을 꿈꾸는 3기(미래)는 이제 막 태동을 시작했다.

레이쥔을 논할 때 절대 빠질 수 없는 인물이 바로 스티브 잡스다. 그는 잡스처럼 입고, 잡스처럼 행동했다. 그가 중국의 잡스, 이른바 '레이 잡스'라고 불리는 이유다. 샤오미 역시 애플의 '짝퉁'으로 불렸다. 실제로 레이쥔은 모방과 학습을 통해 잡스와 애플에 대한 경의를 표현했다. 이 과정에서 업계의 비난에 직면하기도 했지만 그는 굴복하지 않았다. '모방은 가장 확실한 창조'라는 말을 믿었던 그는 모방을 넘어설 자신이 있었다. 샤오미가 애플을 턱밑까지 추격하고 레이쥔이 '포스트 잡스'로 평가받는 건 우연이 아닌 노력의 산물이다.

레이쥔의 경영 철학은 크게 5개다. 첫째, 대세를 거스르지 않는다. 둘째, 새로운 것을 창조한다. 셋째, 사람의 욕구가 진리다. 넷째, 좋은 인연을 널리 맺는다. 다섯째, 적은 것에서 많은 것을 얻는다 등이다. 그리고 그 속에서 레이쥔은 지금의 자신과 샤오미를 있게 한 격언을 이끌어 냈다. "인간은 꿈이 있어 위대하다."

똑똑하고 뛰어난 프로그래머, 레이쥔

1969년생인 레이쥔은 중국을 뒤흔든 문화대혁명(1966~1976년) 시기에 유년을 보냈다. 덩샤오핑 등이 주도했던 실용주의적 수정주의에 마오쩌둥이 계급투쟁으로 대립하며 시작된 문화대혁명은 1977년 제11기 전국인민대표대회에서 마오쩌둥의 '극좌적 오류'로 규정되며 마무리됐다. 레이쥔이 당시 중국 10대 명문 대학으로 꼽히던 우한대학교의 컴퓨터학과 장학생으로 입학한 것 역시 문화대혁명 이후 다시 불어닥친 새로운 흐름과 무관하지 않다. 레이쥔은 우한 최고의 명문인 셴타오 고등학교를 졸업한 엘리트 출신이다. 실제로 레이쥔은 "모든 장학금을 휩쓸었다. 단 하루도 시간을 헛되이 보내지 않았다"고 회고할 정도로 뛰어난 학생이었다. 『심화 DOS 프로그래밍』을 집필하고 베스트셀러 작가로 이름을 알리기도 했던 레이쥔은 원고료와 장학금 덕분에 보다 빠르게 현장으로 뛰어들 수 있었다.

레이쥔의 시작은 프로그래머였다. 우한 전자상가에서 각종 프로그램을 섭렵하며 실력을 쌓던 레이쥔은 훗날 킹소프트의 부회장이 되는 왕촨귀와 함께 암호 설정 프로그램 BITLOK 0.99 공동 개발에 나서게 된다. 불과 2주 만에 완성된 이 프로그램은 융유(用友) 소프트웨어를 비롯한 여러 유명 기업에 구매되는 등 뜨거운 관심을 받았다. BITLOK의 성공에 고무된 레이쥔은 왕촨귀와 함께 1990년, 자신의 첫 번째 회사인 싼써를 설립한다. 자금도, 투자도 없이 시작된 싼써의 목표는 중국어 구현 PC카드인 '한카'였다. 레이쥔은 나중에 롄방소프트웨어의 CEO가 되는 리루슝까지 합류시키며 의욕을 불태웠지만, 싼써는 복제품의 범람으로 제대로 꽃을 피우기도 전에 문을 닫고 말았다. 레이쥔은 당시를 되돌아보며 이 같은 조언을 남겼다. "창업은 절벽에서 뛰어내리는 것과 같다. 돈과 아이템 없이 단순히 열정과 충동으로 창업을 한다면 반드시 실패한다." 하지만 싼써의 실패는 결과적으로 레이쥔에게 성공의 기반이 됐다.

레이쥔에게 기회의 손을 내민 사람은 추보쥔이었다. 소프트웨어 기업인 진산(金山)공사의 총재인 그는 1997년 도스(DOS)용 중국어 워드프로세서를 시작으로 1999년에는 윈도우용 워드프로세서를 개발한 전설적인 인물이다. 1989년, 킹소프트에서 PC호환 중국어 워드프로세서 WPS 1.0을 선보이며 IT 스타로 떠오른 추보쥔은 1992년 레이쥔에게 킹소프트 합류를 권했다. 이미 WPS 1.0을 보고 자신의 한계를 절감했던 레이쥔에게 추보쥔과의 만남은 기회이자 행운이었다. 입사 후 곧바로 베이징 킹소프트 소프트웨어 개발부의 책임자가 된 레이쥔은 WPS의 업그레이드에 집중하며 세계적인 상용 소프트웨어로의 진화를 꿈꿨다. 덕분에 WPS는 중국에서 컴퓨터를 사용하기 위해서는 반드시 거쳐야 하는 대중적인 프로그램으로 자리 잡았다.

BITLOK 개발자를 거쳐 킹소프트에 입사하기까지 프로그래머로서 뛰어난 역량을 보였던 레이쥔은 남들이 일할 때 일하고, 잘 때도 일하는 고된 삶을 살았다. 하지만 스스로 "내 인생에서 가장 빛났던 시절은 1987년부터 1996년"이라고 말할 정도로 남다른 의미를 부여했다. 이는 성공을 위한 도전이 아닌, 자신이 좋아하는 일을 하기 위한 선택이었기 때문이다. "컴퓨터를 잡을 때, 프로그래밍을 할 때 이것이 내 세계라는 것을 알 수 있었다." 레이쥔이 남긴 말은 지금도 프로그래머의 마음을 대변하는 상징적인 어록으로 남아 있다.

암흑에서 빛을 찾는
레이쥔의 노력

레이쥔이 합류한 이후, 킹소프트는 중국에서 전성기를 누렸다. 마이크로소프트가 1989년 출시한 윈도우 플랫폼 기반 워드프로세서인 워드 1.0조차 중국에서는 맥을 못 출 정도로 WPS의 입지는 탄탄했다. 이에 레이쥔은 1992년부터 도스 운영체제에서만 돌아가는 WPS의 한계를 극복하고자 윈도우 기반인 '판구 오피스' 개발에 돌입했다. 하지만 결과적으로, 판구 오피스는 레이쥔에게 처절한 실패를 안기며 '몰락'이라는 좌절을 맛보게 했다. 1995년 출시된 판구 오피스는 막대한 마케팅 비용이 투입됐음에도 불구하고 목표(5000세트)의 절반에도 못 미치는 2000세트 판매에 그쳤다.

판구 오피스의 실패 요인은 크게 3가지였다. 도스 최강자였던 WPS의 우위를 윈도우 플랫폼으로 제대로 이식하지 못했다는 점과 마이크로소프트의 견제에 제대로 대응하지 못한 부분 그리고 해적판의 난립이었다. 특히 마이크로소프트는 1994년 워드 4.0을 통해 불모지였던 중국을 제대로 공략하면서 레이쥔의 몰락을 재촉했다. 한 마디로 완패였다. 실패는 레이쥔에게 큰 상처를 남겼다. 사표를 낼 정도로 충격을 받았던 레이쥔은 후에 이때를 되돌아보며 '암흑과도 같았던 시기'라고 말하기도 했다. 하지만 실패는 곧 기회라는 말이 있듯이 레이쥔 역시 암흑 속에서 빛을 찾는 노력만큼은 멈추지 않았다.

윈도우 워드프로세서의 한계를 느낀 레이쥔은 초보용 소프트웨어를 출시하며 반등의 계기를 마련했다. 마이크로소프트를 인정하고 틈새 시장을 공략한다는 전략이었다. 그리고 1997년 번역 프로그램 '진산츠바'로 화려한 재기에 성공했다. 특히 1998년 10월 출시된 '진산츠바III'는 중국 IT 역사에 한 획을 그은 엄청난 사건이었다. 레이쥔은 윈도우98 출시 당시 마이크로소프트가 보여 줬던 대규모 마케팅을 모델로 삼아 2개월 동안 준비한 대규모 발표회 '가을밤의 호기'를 선보였다. 발표회 당일에만 3만 세트가 팔릴 정도로 화제를 낳은 가을밤의 호기는 완벽한 마케팅이었다는 찬사를 받았다. 마케팅뿐 아니라, 레이쥔은 원가에 가까운 48위안이라는 파격적인 가격 정책으로 시장을 장악했다. 훗날 샤오미에서도 저력을 입증한 저가 정책의 시작인 셈이다. 이 정책은 후속 모델 진산츠바2000까지 이어졌으며 100만 번째로 팔린 모델이 국립도서관에 영구 보존될 정도로 '진산츠바 시리즈'는 맹위를 떨쳤다.

흥미로운 부분은 진산츠바로 역량을 비축한 레이쥔이 2002년 WPS를 다시 프로그래밍하며 마이크로소프트와의 재격돌을 선언했다는 점이다. 1994년의 완패 이후 8년 만에 재도전에 나선 셈인데, 과거와는 달리 충분한 시간과 자금이 투입된 WPS는 2003년 마이크로소프트를 누르고 정부 구매 시장점유율 56%를 차지했으며, 2005년에는 일본과 베트남에서 가장 인기 있는 프로그램으로 발돋움했다. 모두가 인정하는 설욕이었다.

레이쥔은 2007년 킹소프트의 홍콩증시 상장까지 마무리하고 홀연히 회사를 떠났다. 16년간 몸 담았던 킹소프트였다. 실패와 성공을 반복하며 결국에는 최고의 자리까지 오른 레이쥔은 "킹소프트는 하나의 산이고 나는 그 산을 오르는 데 최선을 다했다"는 말을 남겼다. 그리고 그렇게 묵묵히 자신의 꿈을 향해 걸어 나가는 레이쥔의 발걸음은 '좁쌀(샤오미의 중국어 뜻)'의 탄생으로 다시 서서히 움직이고 있다.

레이쥔 성공 시대의
문이 열리기 시작

킹소프트를 떠난 레이쥔은 3년 정도 엔젤투자자(자금이 부족한 신생 벤처 기업에 자본을 대는 개인 투자자)로 활동하며 휴식과 배움의 시간을 가졌다. 이미 막대한 부와 명성을 모두 가진 레이쥔이 현장에서 한 발 물러나 여유로운 삶은 살 것이라는 예상이 적지 않았다. 하지만 그는 3년 동안 창업을 위한 시장조사와 트렌드 파악에 주력했다. 레이쥔이 스마트폰 시장에 도전하기로 결심한 건 2009년이었다. 문제는 그가 소프트웨어 시장에서는 인정받고 있지만 스마트폰에 대해서는 초보에 불과하다는 점이었다. 이를 해결하기 위해 레이쥔은 린빈, 저우광핑, 리완창, 홍펑, 황장지, 류더 등 자신을 포함한 총 7명의 전문가들로 팀을 구성했다. 이들이 바로 샤오미의 창업 7인방이다.

창업 7인방은 뛰어난 전문성을 갖춘 인물들이었다. 린빈은 마이크로소프트와 구글을 거친 소프트웨어 엔지니어였으며, 저우광핑은 모토로라 수석 엔지니어 출신의 하드웨어 전문가였다. 리완창은 킹소프트에서 레이쥔과 10년 넘게 한솥밥을 먹은 프로그래머였다. 여기에 구글차이나에서 R&D팀을 이끌었던 홍펑, 마이크로소프트 수석 엔지니어 황장지, 베이징 과학기술대학교 공업디자인과 학과장 류더까지 각 분야에서 최고의 실력을 자랑하던 7명이 뭉친 만큼 업계의 기대는 뜨거웠다.

2010년 4월 샤오미테크를 설립한 레이쥔은 스마트폰의 미래를 컴퓨터화, 인터넷화, 만능화라는 기능적 측면과 혁신, 인간 진화, 감성이라는 디자인적 측면의 총 6가지 키워드로 전망했다. 특히 레이쥔은 샤오미가 모바일 인터넷 기업이라는 점을 크게 강조했다. 샤오미의 로고인 'MI' 역시 모바일 인터넷(Mobile Internet)을 의미한다. 이런 전략에 맞춰 샤오미가 제일 먼저 심혈을 기울인 건 스마트폰이 아니라 운영체제였다. 미유아이 (MIUI)라는 이름의 샤오미 운영체제는 2010년 8월 내부 테스트 버전을 출시한 후 불과 1년 만에 전 세계에서 50만 명 이상의 고객을 확보했다. 그리고 2년 후에는 600만 명이 넘는 사람들이 사용하는 운영체제로 자리 잡았다. 레이쥔은 모바일 SNS 플랫폼도 적극 공략했다. 2010년 12월 출시된 '미랴오'는 당초 기대 이하의 반응을 얻었지만, 다음 해 5월 음성 기능을 추가하면서 폭발적인 인기를 누렸다. 중국 최초의 SNS 음성 플랫폼이기도 한 미랴오는 2012년 동시 접속자 수 100만 명 돌파라는 기록을 남기기도 했다.

미유아이와 미랴오는 샤오미가 스마트폰 시장에 본격적으로 진출하기에 앞서 샤오미라는 이름을 대중에게 확실히 각인시킨 중요한 제품들이다. 무엇보다 레이쥔이 강조했던 '샤오미만의 스마트 생태계 구축'의 기본이 됐다는 점에서 그 의미가 더욱 크다. 또한 미유아이와 미랴오는 샤오미만의 두터운 팬층을 만드는 데도 큰 공헌을 했다. 독자적인 운영체제와 플랫폼을 통해 고객들의 취향을 제대로 공략했기 때문이다. 이 두 제품을 발판 삼아 스마트폰 신흥 강자 샤오미가 탄생한 셈이다.

레이쥔은 샤오미 창업을 되돌아보며 "40세에 새롭게 시작한 것이 그렇게 대단한 일은 아니라고 생각한다"고 밝혔다. 이어 그는 "인간은 꿈이 있어 위대하고 나 역시 꿈을 이루기 위해 노력했다"고 담담한 소감을 전하기도 했다. 모바일 인터넷 분야에서 확실한 성과를 거둔 레이쥔은 곧바로 자신의 궁극적인 목표인 스마트폰 시장 공략에 돌입했다. 전 세계를 뒤흔든 '미 시리즈'의 성공 신화가 서서히 시작되고 있었다.

샤오미의 스마트폰 공개
그리고 뜨거운 반응

본격적인 스마트폰 시장 공략을 결심한 레이쥔은 2011년 8월, 미유아이 출시 1주년을 기념하는 자리에서 처음으로 샤오미 폰을 공개했다. 마치 스티브 잡스처럼 검정색 티셔츠와 청바지 차림으로 직접 프레젠테이션을 하는 모습 덕분에 '레이 잡스'라는 별칭을 얻기도 했다.

샤오미 폰에 대한 반응은 뜨거웠다. 2011년 8월 29일 시범적으로 1000대만 판매한 기념판은 무려 30만 대의 예약이 몰리며 화제를 낳기도 했다. 자체 운영체제인 미유아이를 탑재한 것도 인기 요인으로 분석된다. 뛰어난 성능의 스마트폰이 저렴한 가격으로 출시됐으니, 샤오미 돌풍은 당연한 일이기도 했다.

2012년 5월 공개된 '샤오미 청춘판'은 당시로서는 대단히 파격적인 가격인 1499위안에 출시됐는데, 예상을 훨씬 뛰어넘는 고객들이 몰리며 예약 판매 11분 만에 15만 대가 팔리는 엄청난 기록을 세웠다. 덕분에 샤오미는 2억 16000만 달러 규모의 투자를 유치했으며 기업 가치는 40억 달러를 넘어섰다. 2012년 8월에는 샤오미 폰 2세대, 'M2'가 출시됐다. M2는 당시 최고의 성능을 자랑했던 CPU인 스냅드래곤 S4 시리즈 중 하나를 채택했음에도 가격은 1999위안으로 오히려 전 모델에 비해 크게 낮아졌다. 샤오미 청춘판과 M2 덕분에 샤오미는 2012년 719만 대의 판매고와 126억 5000만 위안의 매출을 기록했다.

중국 완다백화점의 샤오미 매장

레이쥔이 이끈 샤오미의 성장세는 놀라운 수준이다. 2011년 30만 대로 시작된 판매량은 2012년 719만 대, 2013년 1870만 대를 기록했으며 2014년에는 6100만 대로 급증했다. 기업 가치 역시 2015년 2억 500만 달러에서 2011년 10억 달러, 2012년 40억 달러, 2013년 100억 달러를 거치며 빠르게 성장하고 있다. 유례가 없는 급격한 성장세 덕분에 샤오미는 성공을 넘어 신화로 불리고 있다.

샤오미 폰의 특징은 낮은 가격과 뛰어난 성능이다. 레이쥔은 인터넷 판매를 통해 가격 인하를 이끌어 냈다. 무엇보다 스마트폰 판매 자체로 수익을 확보하기보다는 기업 이미지를 높이고 브랜드 가치를 키우겠다는 목표가 있었기에 가능한 전략이었다. 레이쥔은 "샤오미 폰의 가격은 애플의 3분의 1 수준이지만 성능과 디자인은 뒤쳐지지 않는다"고 여러 차례 밝힌 바 있다. 특히 그는 "사용자가 탄성을 내뱉는 제품을 만들면 장기적인 수익과 높은 기업 가치가 자연스럽게 따라온다"고 강조했다. 꼼수로 가격을 낮추는 것이 아니라 미래를 위해 현재의 수익을 포기한, 위대한 전략이라는 자부심이 엿보이는 대목이다.

물론 위기도 있다. 비슷한 저가 정책을 펼치고 있는 화웨이에게 중국 시장점유율 1위를 뺏긴 것과 중국 외 시장에서 좀처럼 힘을 내지 못하고 있는 부분은 뚜렷한 한계다. 흥미로운 부분은 이런 위기에 대응하는 레이쥔의 자세다. 그는 "샤오미를 창업했을 때 당연히 험난한 길을 가게 될 것으로, 최소한 한 번은 죽을 고비를 넘길 거라고 각오했다"며 의연한 태도를 보였다. 그리고 그 굳은 각오는 스마트폰을 넘어 사물인터넷(IoT)으로까지 이어지고 있다.

레이쥔의 또 다른 도전,
스마트폰을 넘어 사물인터넷 제국을 꿈꾸다

비슷한 저가 정책을 추진 중인 화웨이의 추격은 중국 시장에서도 샤오미의 아성을 위협하고 있다. 2015년 화웨이는 13.6%의 점유율로 중국 스마트폰 시장 1위에 올랐다. 반면에 샤오미는 애플(11%)에 이어 3위(10%)에 그쳤다. 2015년 판매량 역시 8000만 대를 넘어서지 못하며 중국 기업 최초 스마트폰 출하량 1억 대의 영광을 화웨이에게 넘겼다.

레이쥔은 자체 운영체제인 미유아이를 개발할 때부터 사물인터넷 생태계 구성을 위한 준비에 돌입했다. 최초의 샤오미 폰 출시보다도 1년 앞선 2010년의 일이다. 현재 미유아이 사용자는 1억 5000만 명을 넘어섰다. 미유아이 덕분에 샤오미는 자사 제품군을 한곳에 묶을 수 있는 기반을 확보했다. 실제로 샤오미는 스마트폰뿐 아니라 웨어러블, 전자제품, 드론, 로봇 등 모든 ICT 산업군에 도전하고 있다. 특히 스마트홈 브랜드 '미홈'을 출시하며 자신만의 사물인터넷 제국 건설에 박차를 가하는 중이다. 레이쥔은 "세계적인 인터넷 기업으로 성장하기 위해서는 하드웨어와 소프트웨어, 모바일 인터넷 서비스가 일맥상통해야 한다"며 '철인 3종' 이론을 주장했다. 이는 철저히 사물인터넷을 염두에 둔 발언이다.

레이쥔이 투자한 이른바 '레이쥔계 기업'들의 면면들도 향후 샤오미와의 다각적인 사물인터넷 연결을 가늠케 한다. 뉴스로는 인터넷 매체 레이펑왕, 쇼핑몰은 판커청핀·러타오·샹핑왕, 모바일 인터넷은 UCWeb, 결제는 라카라, 인터넷 통신은 YY·와리위랴오·iSpeak·뒤칸, 소프트웨어는 킹소프트·커뉴 등이 포진해 있다. 샤오미 스마트폰으로 뉴스, 검색, 쇼핑, 결제, 엔터테인먼트 등 모든 인터넷 활동을 할 수 있는 셈이다.

'레이 잡스'라 불리는 레이쥔은 모방에서 시작했지만 언젠가는 잡스를 넘어서겠다는 원대한 포부를 가지고 있었다. 그리고 그 꿈은 스마트폰을 발판 삼아 사물인터넷에서 실현을 눈앞에 두고 있다. 레이쥔은 스티브 잡스를 염두에 두고 "이 세상에 신은 없다. 차세대 신이 지금 만들어지고 있기 때문이다"고 자주 말했다. 레이쥔이 샤오미만의 사물인터넷 제국을 건설한다면 우리는 잡스를 넘어서는 또 한 명의 차세대 신과 조우하게 될지도 모른다.

제 3 부

중국의 미래를 이끌 황금산업

제1장

유아산업

요즘 중국에서 새로 문을 연 백화점에 가 보면 키즈 카페가 꼭 입점해 있다. 또 그 주변에는 토이저러스를 시작으로 영유아 관련 매장이 가득 들어서 있다. 중국의 사업가들 사이에서도 돈을 벌려면 아이들을 공략해야 한다는 말이 나오고 있다.

"잠자는 사자를 깨우지 말라"고 경고했던 나폴레옹의 우려는 정확했다. 잠에서 깨어난 중국이 무서운 속도로 질주하고 있다. 경제성장률이 6%대로 떨어졌다고 하지만, 중국의 경제 규모를 감안하면 이는 결코 낮은 숫자가 아니다. '세계에 영향력을 행사하는 두 나라'라는 의미로 생겨난 용어 'G2(Group of 2, 미국과 중국)'는 이제 누구도 부인할 수 없는 보통명사가 됐다. 현재 중국의 모습은 다양한 요소들이 합쳐진 결과다. 그리고 요소 중의 요소로서 경제성장의 근간을 이루는 '산업'이 있다. 중국의 현재를 들여다보고, 또 미래를 전망해 보기 위해 중국 산업의 면면을 살펴보고자 한

중국의 대형 쇼핑센터 저스코 내의 키즈 카페

다.

중국은 2016년 1월 1일부터 둘째 출산을 전면 허용하는 '얼하이 정책(二孩政策)'을 시행하고 있다. 전면이태(全面二胎)라고도 불린다. 1971년 경제발전계획에 한 자녀 정책을 의미하는 '계획생육(計劃生育)'이라는 표현이 등장한 지 45년 만의 일이다. 2014년에 부모 중 한 사람이 외동이면 둘째 출산을 허용하는 단독이태(單獨二胎) 등 출산 정책을 완화하다가 둘째 출산을 전면 허용하는 정책으로 전환한 것이다. 저출산 문제가 그만큼 심각하다는 의미다. 《인민일보》에 따르면 한 자녀 정책의 실시 이후 인구가 6억 명이나 줄었다고 한다.

현재 중국의 14세 미만 아동 인구는 2억 2000만 명이며, 전체 인구의 약 16%를 차지하고 있다. 1998년 이후 중국의 출생 인구는 2000만 명을 넘은 적이 없다. 중국 국가위생계획출산위원회에 따르면 2016년도에 병원 분만으로 태어난 신생아 수 역시 1846만 명에 그쳤다. 하지만 이는 전년 대비 11.5%(약 200만 명) 상승한 수치로, 이 중 둘째 이상의 신생아 비율이 45%를 넘었다. 두 자녀 정책이 연간 출생 신생아 수 증가에 긍정적인 영향을 미칠 것으로 전망되는 근거다.

두 자녀 정책으로 신생아 수가 늘어나자 유아산업 역시 빠르게 성장할 것으로 기대를 모으고 있다. 유아는 생후 1년부터 만 6세까지의 어린아이를 말한다. 코트라에 따르면 중국의 유아산업은 현재 연 15%의 성장률을 보이고 있으며, 시장 규모는 2조 위안에 달하는 것으로 추정된다. 시간이 흐를수록 산부인과를 비롯하여 산후조리원과 조기교육, 유아 스포츠센터 등 유아산업 서비스 분야가 크게 성장할 것으로 전망된다.

사진 촬영 시장도 그 가운데 하나다. 1980년대와 1990년대에 태어난 젊은 부모를 중심으로 사진 촬영 붐이 일고 있다. 소득수준 향상과 자녀 양육에 대한 관심이 높아져 유아기 사진을 소중히 여기는 문화가 확산되고 있기 때문이다. 중국에서는 통상적으로 성장 시기별로 촬영하는 경향이 강하다. 예를 들면 '임산부 촬영→신생아 촬영→100일 촬영→돌 촬영→2세 촬영→3세 촬영→4세 촬영→5세 촬영'과 같은 식이다. 12세까지 촬영하는 경우도 있다. 우수한 기술력과 설비를 갖춘 한국 기업이 중국에 진출하면 성공 가능성이 높을 것으로 보인다.

중국인상촬영학회에 따르면 베이비 스튜디오 시장의 규모는 1990년대 말을 시작으로 꾸준히 성장하고 있다. 2016년 전체 인물 촬영에서 영유아가 차지하는 비중은 22.7%다. 2016년 말 중국 전역에서 영유아 사진을 촬영하는 기업은 9만여 개, 종사자는 135만 명에 달한다.

베이비 스튜디오 시장의 발전은 앨범·액자와 의상, 액세서리(모자·목걸이·머리띠·머리핀·핸드백 등) 등 관련 산업에도 적지 않은 영향을 미치고 있다. 산부인과와 산후조리원도 예외는 아니다. 기획 단계에서부터 고급 산부인과와 산후조리원에 대한 마케팅을 펼쳐 신생아일 때 성장 앨범을 계약하는 전략을 구사하기도 한다. 이로 인해 산부인과와 산후조리원에 대한 채널 확보를 베이비 스튜디오 사업의 성패를 가르는 요인으로 간주하는 경향이 강하다.

현재 중국에서 활동 중인 한국의 베이비 스튜디오는 베이징(10여 개)과 상하이(20여 개)에 집중돼 있다. 충칭 등 2선 도시에도 3~5개씩 정도가 진출해 있다. 한국의 베이비 스튜디오들은 중국의 유력 소비자 평가 사이트인 뎬핑(点評)에서 인기 1순위를 기록하는가(W사) 하면 우수업체상을 수상하는(S사) 등 좋은 평판을 얻고 있다. 여기서 뎬핑은 2016년 말 기준 432만 개사 입주, 6억 명의 회원을 확보하고 있는 중국 내 최대 O2O 공동구매 사이트다.

유아 카 시트 시장도 전망이 밝다. 두 자녀 정책에 따른 신생아 수 증가와 자가용 보유 인구 급증 그리고 카 시트 의무 설치 등 관련 교통법규 정비 노력 등의 영향 때문이다. 중국 교통안전기관에 따르면 중국 내 유아 안전사고 사망률은 유럽의 2.5배, 미국의 2.6배에 이른다. 대다수 선진국은 유아 카 시트 사용 비율이 90%에 육박하지만 중국은 0.1%에도 미치지 못하고 있는 실정이다. 중국의 카 시트 사용 비율이 이처럼 낮은 것은 아직 유아 카 시트를 이용하는 문화가 정착되지 않은 데 주로 기인한다. 필요성을 느끼지 못하는 것이다. 가격이 비싸거나 설치 방법을 모르는 것도 카 시트를 구입하지 않는 이유에 속한다.

현재 중국은 전 세계 유아 카 시트의 주요 생산기지다. 매년 1000만 개의 유아 카 시트를 생산한다. 하지만 생산된 유아 카 시트의 대부분은 해외로 수출되고 있다. 유아 카 시트에 대한 중국의 내수 시장은 이제 막 형성되기 시작했다. 유아 카 시트 관련 법규 미비와 안전 테스트 등 기술 지원에 대한 부족도 자체 브랜드 생산을 제한하는 요소로 작용한다. 그러나 최근 들어 유아 카 시트에 대한 인식이 변화하고 있다. 중국판 〈아빠 어디가?〉와 같은 육아 예능 프로그램의 영향으로 유아 카 시트에 대한 관심이 높아졌기 때문이다.

해외 시장에 진출하려는 유아 카 시트 기업들에게 중국 시장은 매력 덩어리다. 중국 소비자들은 자국 브랜드보다 해외 브랜드 제품을 선호하는 경향이 강하기 때문이다. 중국 최대 신용평가회사인 신화신(新華信, SINOTRUST)의 조사 결과에 따르면 중국 소비자는 유아 카 시트 구매에 있어 품질과 안전을 가장 중요한 요소로 생각하며, 북미 지역 브랜드와 501위안에서 1000위안 사이의 가격대(약 8만~16만 원)를 가장 선호하는 것으로 분석됐다. 게다가 최근 중국의 지방정부들이 카 시트 관련 교통법규를 마련하고 있어 앞으로 유아 카 시트 수요가 크게 늘어날 수밖에 없다. 대표적으로 선전시는 지난 2015년 1월부터 4세 미만 아동이 승차 시 유아 카 시트를 착용하지 않으면 벌금을 부과하고 있다. 또 상하이시는 2017년 3월부터 4세 미만 아동의 유아 카 시트 착용을 의무화했다.

또 하나 주목해야 할 분야가 유아용 로봇 시장이다. 중국 산업연구원에 따르면 중국의 서비스로봇 시장은 매년 20%의 성장세를 보이고 있다. 특히 소득 증가와 자녀에 대한 높은 교육열로 인해 유아용 로봇 시장이 폭발적으로 성장할 것이라는 분석이다. 실제로 아동과 관련된 일상 소비가 가구 전체 소비에서 차지하는 비중은 3분의 1 수준에 달한다. 구성 요소별로는 교육이 37.6%로 가장 많고, 음식 24.4%, 의류 18.8%, 오락 10.4%, 완구 8.8% 순이다. 그러나 이처럼 높은 성장 잠재력에도 불구하고 유아용 로봇 시장은 아직 초기 단계에 머물러 있다. 중국 전역에서 불고 있는 창업 열풍이 유독 유아용 로봇 분야만큼은 비껴간 듯하다.

현재 중국에는 많은 업체들이 유아용 로봇을 생산하고 있다. 하지만 선전에 소재한 유비테크(UBTECH)와 메이크블록(MAKEBLOCK), 유웨바오(友悅寶), 바바텅(巴巴騰)을 비롯해 베이징의 360공사와 상하이의 파트너스(Partnerx) 등 몇몇 기업을 제외하고는 차별성 부족, 업계 표준 미비로 인한 안전성 미비, 개인정보 유출 우려 등의 이유로 소비자들의 이목을 끌지 못하고 있는 실정이다. 또 현재 시중에서 판매되고 있는 중국 유아용 로봇들은 태블릿 PC기술을 조합하는 수준인데다 기능도 단순해 기존의 단순한 IT 제품과 차별성을 보이지 못하고 있다. 여기에 주 소비층이 안전성에 민감한 유아층이지만 로봇 제작에 들어가는 재료와 디자인 등 디테일한 측면에서 소비자들을 만족시키지 못하고 있다.

중국 완다백화점의 유아용품 매장

중국의 두 자녀 정책은 베이비 스튜디오와 유아 카 시트, 유아용 로봇뿐만 아니라 유아 스포츠센터, 완구, 조기교육 콘텐츠 등 중국 유아산업의 폭발적인 성장세를 불러일으킬 것으로 보인다. 섬세한 기술력과 차별화 전략을 내세울 수 있는 한국 기업들에게는 그만큼 절호의 기회가 될 수 있다는 이야기다.

중국 영유아 시장,
보고만 있을 수 없다

두 자녀 정책의 전면 시행으로 중국의 유아산업이 가파른 신장세를 보이는 가운데 한국 기업들이 시장 선점을 위해 발 빠르게 움직이고 있다. 유아산업과 관련해서는 사드(THAAD, 고고도 미사일 방어 체계) 배치에 따른 중국과의 갈등 분위기를 전혀 감지하지 못할 정도다.

가장 눈에 띄는 것은 유아교육 시장 진출이다. 대한민국 무정전전원장치(UPS) 업계의 산증인으로 불리는 이화전기공업은 얼마전 사업다각화 차원에서 중국의 교육 전문 기업인 상해유락관리자문유한회사(이하 유락교육그룹)와 계약을 맺고 현지에 영어 유치원을 설립하기로 했다. 1억 2000만 명으로 추산되는 영유아(0~6세)를 대상으로 조기교육 시장을 선점하겠다는 포석이다. 유락교육그룹은 중국 상해 A시장에 상장된 전광과기가 투자한 회사다. 현재 1800개가 넘는 가맹점에 교육 시스템을 제공하고 있으며, 온·오프라인으로 이 시스템을 이용하고 있는 학생은 350만 명에 달한다. 유락교육그룹은 앞으로 2~3년 내에 자사의 교육 시스템을 이용하는 학생 수가 1500만 명 이상으로 늘어날 것으로 전망하고 있다.

이화전기공업이 현지 영어 유치원에 접목할 교육 시스템은 영국 오비탈에듀케이션그룹의 BIK(British International Kindergarten) 시스템이다. 오비탈에듀케이션그룹은 2006년도에 설립된 교육 전문 기업으로 현재 전 세계에 11개의 국제 학교를 설립해 운영하고 있다. 이화전기공업은 중국 영어 유치원 사업과 별도로 국내 유수의 교육 프로그램을 발굴해 중국 현지 학원 등에 제공하는 교육 콘텐츠 공급 사업도 추진할 계획이다.

교육 전문 기업인 비상교육도 2017년 4월부터 중국의 교육 기업 신동방교육과학기술그룹(이하 신동방교육그룹)을 통해 유아 영어 프로그램 윙스(Wings)를 현지에 제공하고 있다. 신동방교육그룹의 연간 매출 규모는 1조 7000억 원대에 달한다. 중국 교육 시장에서 브랜드 파워는 압도적이다. 지난 2006년에는 중국 교육업체 중에서 최초로 미국 뉴욕증권거래소에 상장하기도 했다. 이에 앞서 2017년 1월에는 국내 교육 기업 청담러닝이 중국의 온리에듀케이션과 에이프릴어학원 서비스 계약을 체결했다. 청담러닝은 이 계약으로 향후 5년간 중국에서 에이프릴학원 사업의 독점권을 확보했다. 또 천재교육의 사내 스타트업인 위캔엘티디는 2017년 5월부터 중국의 교육업체 크레시카에 유아용 온라인 종합진단검사와 상담 교육 관련 서비스를 제공하고 있다. 대교의 경우 이미 2015년도에 중국 상하이에 아이레벨러닝센터를 개장하고 현지인을 대상으로 사업을 벌이고 있다. 이처럼 중국 유아교육 시장에 대한 국내 교육 기업들의 진출 및 영향력 확산은 시간이 흐르면서 더욱 가속화될 것으로 보인다. 중국 중산층의 소득 향상과 한국 뺨치는 높은 교육열, 해외 유학 열풍 등으로 유아교육 시장이 계속 성장할 것으로 기대되기 때문이다.

중국의 유아 화장품 시장도 중요한 공략 대상이다. 쌍용C&B는 중국 식품의약품관리총국(CFDA)으로부터 유아 화장품 5종에 대한 위생허가를 취득해 중국 수출의 관문을 열었다. 위생허가를 받은 제품은 베피스 오리엔탈 케어 시리즈의 프레쉬 샴푸, 버블 워시, 소프트 로션, 에센셜 오일, 미스트 등 5종이다. 화장품의 핵심 성분은 한방 원료를 달여 만든 '청량단(지모추출물, 치자추출물, 갈대추출물, 결명자추출물, 제주조릿대추출물)'이다. 피부 진정 효과와 보습 효과가 탁월하기 때문에 '피부친화적인 저자극 한방 화장품'으로 품질과 안전성을 인정받았다. 쌍용C&B는 중국의 20~30대 고소득층 엄마들을 주요 타깃으로 삼고 있다.

국내 캐릭터 산업의 중국 진출도 눈에 띤다. 대표적인 진출 성공 사례가 캐리소프트다. 캐리소프트는 국내에서 '캐통령'으로 불리는 캐릭터 캐리 언니를 탄생시킨 회사다. 2016년 8월 캐리소프트는 중국의 동영상 공유 사이트 유쿠(優酷)와 계약했다. 그리고 계약한 지 10개월 만에 캐리소프트가 현지에서 운영하는 채널의 구독자 수는 200만 명을 돌파했다. 조회수도 7억 5000만 뷰를 넘었다.

캐리소프트의 성공 요인은 바로 현지화다. 캐리소프트는 상하이에 스튜디오를 두고 있다. 그리고 중국 현지인이 중국어로 콘텐츠를 만들어 배포하는 시스템을 갖추고 있다. '중국인의, 중국인에 의한, 중국인을 위한'이라는 경영 철학을 바탕에 깐 것이다. 캐릭터 산업은 타 업종과의 협업과 해외 진출 등 성장 여력이 충분한 분야다.

이처럼 한국 기업들의 중국 유아산업 진출이 러시를 이루고 있다. 모든 일에는 때가 있는 법이다. 두 자녀 정책으로 중국에 빅뱅이 예상되는 가운데 지금이 바로 적기다.

영유아 앱 인기
진입 장벽 낮아 한국 기업에 유리

　출산·육아 앱에 대한 중국의 관심이 높아지고 있다. 새로운 거대 시장이 될 가능성이 크기 때문이다. 출산·육아 앱은 임산부와 영유아 부모들을 대상으로 육아 지식, 경험의 공유와 교류, 영유아 제품 소개 및 판매 등의 서비스를 제공하는 모바일 애플리케이션을 말한다. 앱이 출산·육아와 관련된 게시판, 커뮤니티, 전자상거래 플랫폼 등 각종 정보 교류의 장으로서 그 역할을 톡톡히 해내는 것이다. 중국에서 출산·육아 앱이 발전하고 있는 배경에는 영유아를 둔 가구 수의 증가가 있다. 또 영유아 교육과 소비에 대한 중국인들의 의식 성장도 한몫한다. 이는 의식주를 포함한 대부분의 영유아 활동에 중국 가족 구성원들이 참여하기 시작했음을 의미한다. 영유아 활동에 참여하는 중국의 가족 구성원 수는 현재 2억 8200만 명이다.

　코트라에 따르면 영유아 시장 규모의 성장 또한 출산·육아 앱 개발의 원동력이 되고 있다. 여기에 중국 정부의 두 자녀 정책에 따른 신생아 수 증가도 앱 시장 성장을 부채질하고 있다. 2017년 중국의 영유아 시장 규모는 약 2조 위안이며, 해를 거듭할수록 큰 폭의 증가가 예상된다. 주요 소비층은 바링허우(八零後)와 주링허우(九零後)로 각각 1980년대와 1990년대에 출생한 사람들을 말한다. 이들은 과거에 비해 교육 수준이 높은 데다 소득수준도 점차 높아질 가능성이 크다. 따라서 앞으로 중국 영유아 시장의 주요 소비층으로 확고한 입지를 굳힐 것이다. 또 바링허우와 주링허우는 비교적 신세대에 속하는 데다 대다수가 외동이어서 육아에 대한 지식이 부족하다. 이 계층은 책이나 잡지 같은 인쇄 매체보다 모바일 애플리케이션을 통해 육아 지식을 찾아보는 경향이 강하다. 가임 연령대에 해당하는 20~39세의 여성 역시 중국에서 인터넷과 휴대폰을 가장 많이 활용한다. 이런 경향이 중국의 출산·육아 앱 시장에 활력을 불어넣고 있다. 여기에다 최근 폭발적으로 성장한 전자상거래 플랫폼도 출산·육아 앱 시장의 성장을 견인하고 있다.

중국의 IT컨설팅 기업인 아이리서치(iResearch) 자료에 따르면 중국 영유아 가족 구성원의 70% 정도가 친척과 동료의 추천으로 출산·육아 앱을 사용하기 시작했다. 앱스토어 추천과 SNS 광고로 출산·육아 앱을 접하게 된 비율은 각각 11.6%와 7.8%였다. 출산·육아 앱 사용자들이 주로 설치한 애플리케이션에는 바오바오수(宝宝樹)와 바오바오즈다오(宝宝知道)를 비롯하여 마미즈다오(媽咪知道), 라마방(辣媽幫), 마마방(媽媽幫), 위쉐위안(育学院), 윈위관자(孕育管家) 등이 있다. 출산·육아 앱을 사용한 휴대기기(스마트폰, 태블릿PC 포함)는 2016년 2월 4384만 대에서 2017년 2월 7468만 대로 1년 만에 무려 70%나 증가했다. 또 전체 모바일 플랫폼에서 출산·육아 앱 투자율은 같은 기간 4.6%에서 7.0%로 증가했다. 이는 인구 증가 및 이동통신 서비스의 발전이 출산·육아 앱 성장을 촉진시키는 것으로 분석됐다.

출산·육아 앱 사용자의 86.8%는 아이가 성장하는 모습을 기록하는 용도로 사용하는 것으로 나타났으며, 사용자의 70%는 출산·육아 앱을 통해 가족 간에 아이의 근황을 공유하거나 육아 지식을 습득하고 있었다. 또 사용자의 40.2%는 아이의 조기교육을 위해, 32.3%는 영유아 제품 구매를 위해, 26.1%는 SNS에 아이들의 근황을 공유하기 위해, 22%는 영유아 온라인 커뮤니티 이용을 위해 출산·육아 앱을 이용하고 있었다.

영유아 가구는 생활용품과 의류, 가전제품 등을 구매할 때와 마찬가지로 전자상거래 플랫폼을 통해 구매하는 경우가 많았다. 그리고 영유아 제품 구매 시에는 영유아와 관련된 앱 자체 쇼핑몰이나 온라인 쇼핑몰, 영유아 관련 위챗 공중계정 등을 활용하는 경향이 높았다. 반면, 오프라인 매장에서 영유아 제품을 직접 구매하는 비율은 20%에도 미치지 못했다. 다른 제품을 오프라인 매장에서 구매할 때보다도 그 비중이 상당히 낮았다.

출산·육아 앱 시장은 진입 장벽이 낮아 한국 소프트웨어 개발 기업들에게 좋은 기회가 될 수 있다. 중국 내 영유아 제품 판매가 주로 출산·육아 앱을 통한 온라인 커뮤니티 광고, 전자상거래 플랫폼 등으로 이루어지기 때문이다. 따라서 출산·육아 앱 시장은 또 하나의 황금시장이 될 가능성이 크다.

중국 출산휴가 대폭 늘어
최대 158일

중국이 강력하게 추진해 왔던 산아제한 정책을 폐지하고 출산 장려를 위한 복지와 인프라 확충에 힘을 쏟고 있다. 중국 공산당 기관지 《인민일보》는 중국 전역에서 출산을 장려하기 위한 정책적 지원과 역량이 지속적으로 강화되는 추세라고 보도했다. 2016년 1월 1일 두 자녀 정책이 전면적으로 실시되면서 이를 위한 환경을 조성하는 데 속도가 붙은 것으로 분석됐다. 최근까지 5년간 30개 성·시·자치구에서 출산휴가 기간을 늘린 것이 대표적이다.

구체적으로 둘째 출산 시에도 첫째와 마찬가지로 4개월 이상씩 출산휴가를 누릴 수 있게 됐다. 또 「여성 근로자 노동보호 특별규정」에서 명시하고 있는 98일의 출산휴가를 기본으로 각지 정부가 지역 상황에 맞게 조례를 수정해 휴가 기간을 늘렸다. 이에 평균 출산휴가 일수는 138~158일이나 된다. 남성도 15일에서 30일간의 출산휴가를 쓸 수 있다. 광둥성의 경우 기본 98일에 80일의 보너스 휴가를 추가해 총 178일의 출산휴가를 제공한다. 충칭시는 128일의 출산휴가 외에 개인이 신청하면 자녀의 첫돌 전까지 쉴 수 있다. 소속 단체나 기업이 규정상의 출산휴가를 제공하지 않을 경우 신고, 민원 등의 방식으로 중재기관에 해결을 요청할 수 있고 인민법원에 소송도 가능하다.

출산보험 가입을 통해 유급휴가도 누릴 수 있다. 「여성 근로자 노동보호 특별규정」은 각 회사가 근로자 월급의 0.7% 이하를 보험금으로 납부하도록 하고, 보험 가입자의 경우 휴가 기간에 평균 월급 기준으로 일정액을 지원받을 수 있다고 명시하고 있다. 출산보험 가입자 수와 1인당 평균 보험금 수령액도 급증했다. 2016년 말 기준으로 중국의 출산보험 가입자 수는 1억 8400만 명, 1인당 평균 보험금 수령액은 1만 5300위안(약 257만 원)으로 2012년과 비교해 3022만 명, 4098위안씩 급증했다. 2016년 보험 혜택을 누린 가입자는 914만 명(연인원 기준)으로 2012년 말 대비 561만 명이 늘었다.

산모와 아이를 위한 인프라 확충에도 속도가 붙었다. 2016년 11월 중국의 유관 부처 10곳이 「엄마·영유아를 위한 인프라 확충에 관한 지도의견」을 공동으로 발표했다. 그리고 건축면적이 10,000㎡ 이상 혹은 하루 평균 유동 인구가 1만 명 이상인 교통 허브, 상권, 병원, 관광지, 여가 시설 등의 공공장소에 10㎡ 이상 규모의 수유실을 조성하도록 했다.

중국은 향후 규정에 부합하는 공공장소 80%에 수유실을 조성할 계획이다. 2022년 말까지 모든 공공장소와 기업에 기저귀 교환대, 유아 침대, 화장실, 세면대, 각종 유아용품을 놓을 수 있는 식탁, 콘센트, 쓰레기통, 가림막 등을 모두 갖춘 수유실을 만든다는 목표다. 몇 년 전만 해도 중국 백화점에 들어가 수유실을 물으면 안내 데스크 직원이 고개를 갸우뚱하는 모습을 볼 수 있었다. 하지만 요즘 웬만한 중국 백화점에는 수유실이 준비돼 있다. 물론 아직 없는 곳도 있다.

제2장

스마트헬스산업

기원전 210년, 불로장생(不老長生)의 꿈을 꾸었던 진시황제는 불과 50세의 나이에 운명을 달리했다. 그 꿈을 지금이라면 꿀 수 있을지도 모르겠다. 인공지능을 비롯한 과학기술과 의학의 발달 덕분이다. 중국을 통일한 진시황제가 그토록 찾았던 '불로초'가 지금은 우리와 너무나도 가까이에 있다. 세월이 흘러 '스마트헬스 기기'로 이름이 바뀌었을 뿐이다. 이런저런 기술의 도움으로 진시황제보다 두 배는 더 오래 살 수 있는 100세 시대가 됐다.

스마트폰의 확산 이후 다양한 스마트 기기를 통한 새로운 서비스 경쟁이 본격화되고 있다. 특히 사물인터넷, 스마트센서 그리고 웨어러블 기기가 시장에 등장하면서 정보통신기술과 의료산업을 융합한 스마트헬스산업이 미래의 핵심 산업으로 떠오르고 있다. 스마트헬스는 스마트 기기를 이용해 건강 상태를 모니터링하면서 이용자의 정보와 질병 상태 등을 분석한 후 개인에게 실시간으로 맞춤형 건강관리 서비스를 제공하는 것으로 정의할 수 있다. 유헬스(u-Health), 이헬스(e-Health), 모바일 헬스(m-Health) 등 다양한 용어로도 불린다. 스마트헬스 기기는 무엇보다 기존 제품에 비해 빠르고 정확하다는 것이 장점이다. 하지만 스마트헬스 기기의 진정한 장점은 전문가만 다뤘던 제품을 일반인도 쓰기 쉽고 편하게 만들었다는 것이다.

중국 스마트헬스산업의 발전 속도가 가파르다. 스마트헬스 기기 시장의 규모가 고령화 가속화와 스마트폰 보급 확대에 힘입어 빠르게 성장하고 있기 때문이다. 중국 중상산업연구원에 따르면 2014년 6억 위안(약 1000억 원)이던 시장 규모가 2016년에는 26억 위안(약 4300억 원)으로 커졌다. 현재 중국에서는 샤오미(小米)와 라이프센스(樂心)의 스마트혈압계, 화웨이(華爲)와 몹보이(羽扇智)의 스마트워치 등 웨어러블 기기가 각광받고 있다.

'스마트워치 업계의 샤오미'로 불리는 몹보이는 2015년 구글로부터 7500만 달러 규모의 투자를 받았다. 2017년 4월에는 폭스바겐이 몹보이에 1억 8000만 달러를 투자했다. 몹보이가 보유하고 있는 인공지능기술을 스마트자동차 개발에 활용하기 위한 전략의 일환이다. 폭스바겐은 몹보이에 직접 투자하지 않고 합작 법인을 설립한 후 각자 50%의 지분을 갖기로 했다. 스마트체중계를 개발한 윈마이(雲麥)는 500g 내외까지 측정하는 정확도와 전용 앱의 SNS 연동 기능을 통해 인기를 얻어 현재 한국에도 진출해 있는 상황이다. 이 밖에 오렌저(Oranger), 엠클라우드(Mcloud)사가 개발한 휴대용 폐 기능 측정기 등 스마트헬스 기기에 의료 플랫폼을 접목하려는 노력이 계속되고 있다.

코트라에 따르면 스마트헬스 기기의 이 같은 성장에도 불구하고 중국의 의료 플랫폼은 아직 개발 초기 단계에 머물고 있다. 스마트헬스산업에 대한 법률과 기준도 제대로 마련되지 않은 상태다. 관련 규정이 미비한 탓에 기술 수준이 낮고 안전성도 검증되지 않은 제품을 단속하기도 어렵다. 미국과 일본 등 스마트헬스 분야의 선진국들이 안정성 인증 절차를 제대로 갖추고 있는 것과는 대조적이다. 또 주목을 끄는 몇몇 제품의 개발에도 불구하고, 중국의 의료기기 개발 기술력은 아직 낮은 수준이다. 전문적인 의료기기 개발과 생산에 어려움을 겪고 있는 것은 이 때문이다. 이로 인해 고급 의료기기의 경우 대부분을 수입에 의존하고 있다. 그래서 중국 기업들은 의료기기 개발 기술력의 한계를 극복하기 위해 해외 의료기기 기업에 대한 인수합병에 심혈을 쏟고 있다. 중국의 거대 국유 기업 화룬(華潤) 그룹은 호주의 암 환자 케어 서비스 기업인 제네시스케어(Genesis Care)사의 지분 56%를 인수하는 등 관련 분야의 해외 인수합병에 힘을 쏟고 있다.

스마트헬스산업의 성장 배경에는 노령화 가속화와 스마트폰 보급률 증가가 있다. 2016년 말 중국의 60세 이상 노인 인구는 2억 2900만 명으로 전체 인구의 16.6%를 차지한다. 중국산업발전연구망에 따르면 2050년에는 노인 인구가 4억 8000만 명으로 늘어난다. 중국 인구 3명 중 1명이 노인이 된다는 얘기다. 그리고 전 세계 노인 인구 20억 2000만 명 가운데 4분의 1을 중국인이 차지하게 된다. 이에 따라 노인 전용 의료 서비스산업, 노인용품 제조업 등 실버산업도 2030년에는 22조 위안(약 3700억 원)으로 확대될 전망이다. 게다가 중국인터넷네트워크정보센터(CNNIC)에 따르면 2016년 말 중국의 스마트폰 사용자는 6억 9000만 명에 달한다. 중국의 스마트폰 사용자 수는 2014년부터 2016년까지 3년 연속 10% 이상의 증가율을 보이고 있다. 글로벌 모바일 참여지수(GMEI)에 따르면 중국은 2016년 2월 세계 스마트폰 보급률 순위에서 28위를 차지했다.

중국의 스마트헬스 시장은 앞으로 더욱 확대될 것으로 보인다. 건강에 대한 중국 정부의 관심이 높아지고 있기 때문이다. 중국 정부는 제13차 5개년 계획(2016~2020년)을 의미하는 13.5규획에서 '건강중국(健康中國)'이라는 슬로건을 내세우며 국민 건강에 주목하기 시작했다. 또 13.5규획과 중국제조 2025(첨단기술 발전을 핵심으로 한 중국의 제조업 발전 계획)에서 모두 의료기기 산업 발전을 명시한 만큼, 의료산업이 발전할 것으로 전망된다. 여기에 중국 정부가 스마트헬스 관련 전문 법률을 마련하면 스마트헬스산업은 더욱 빠른 속도로 발전할 것으로 보인다.

중국의 스마트헬스산업은 단순 모니터링에서 전반적인 건강관리를 할 수 있는 방향으로 성장할 것이다. 중국의 모바일 시장조사기관인 아이미디어리서치(iMedia Research)가 스마트헬스 기기에 대한 수요를 조사한 결과 '전반적인 건강관리'를 원하는 소비자가 60%에 달하는 것으로 나타났다. 개인의 의료 정보가 전문적이고 체계적으로 수집·분석됨에 따라 이를 통한 새로운 의료 혁신에 대한 기대감이 고조되고 있는 것으로 풀이할 수 있다. 이와 관련해 중국 정부는 개인 스마트 기기와 의료기관이 연결된 스마트 의료 시스템 구축을 목표로 적극적인 정책을 펼치고 있다.

중국의 스마트헬스산업의 성장은 한국 기업들에게도 기회다. 중국의 의료산업은 외국 기업이 독자적으로 플랫폼을 구축하거나 진입하는 데 장벽이 높다. 따라서 한국 기업들은 그동안 축적한 기술력을 바탕으로 중국의 의료 기업, IT 기업 등과 제휴해 스마트헬스 시장에 대한 진출을 모색할 필요가 있다. 중국의 스마트헬스 시장이 급성장함에 따라 선진 기술에 대한 중국 기업들의 수요가 높아지고 있다는 점도 기술력을 갖춘 우리 기업들에게는 호재다. 중국 기업들이 기술력의 한계를 겪고 있는 상황임을 감안하면 현지 기업과의 인수합병 등으로 시장 진출을 모색하는 것이 바람직할 것으로 보인다.

세계 스마트헬스산업의 미래

스마트헬스산업의 전망이 밝은 이유는 건강이 단순한 산업 개념을 넘어 인간의 삶의 질과 직결되기 때문이다. 구글과 애플, 삼성, 필립스 등 세계 굴지의 기업들이 스마트헬스산업에 명운을 걸고 있는 이유이기도 하다. 기업 입장에서 보면 스마트헬스산업은 확실한 황금산업이다. 미래 유망산업으로 주목받고 있는 6개의 첨단산업기술을 '6T'라고 부른다. 그중에서도 가장 발전 속도가 빠른 분야가 IT(Information Technology, 정보기술)와 BT(Biology Technology, 생명공학기술)다. 이 IT와 BT의 결합이 스마트헬스산업의 성장을 견인하고 있다. 스마트헬스산업의 궁극적인 목표는 스마트헬스케어다. 스마트헬스케어란 웨어러블 기기, 애플리케이션, 플랫폼 등 정보통신기술을 기반으로 한 종합적인 건강관리 및 의료 서비스를 이르는 말이다. 웨어러블 기기를 통해 심장박동 수와 체온 등 사용자의 생체 지표를 수집하고, 이를 애플리케이션 및 플랫폼으로 전달해 사용자의 몸 상태를 분석하는 방식이다. 최근에는 스마트폰을 필두로 웨어러블 기기와 스마트센서, 클라우드 저장 시스템, 사물인터넷 기술 등이 결합되면서 질병을 예측하고 관리하는 스마트헬스케어기술이 일상에서 빠르게 적용되고 있다.

구글은 이미 2014년에 각종 의료 모바일 앱에서 생성된 건강 정보를 한 곳에서 공유할 수 있도록 해 주는 데이터 허브인 구글핏(Google Fit)을 공개했다. 또 '구글X'라는 이름으로 진행된 프로젝트를 통해 혈당 수치를 측정할 수 있는 스마트렌즈를 개발했다. 구글의 자회사인 베릴리라이프사이언스(Verily Life Sciences)는 손떨림 방지 스푼을 출시하기도 했다.

애플은 애플워치와 같은 스마트헬스 기기뿐만 아니라 헬스키트(Health Kit), 리서치키트(Research Kit), 케어키트(Care Kit) 등 의약 플랫폼을 출시했다. 얼라이브코(Alivercor)에서는 스마트폰에 손가락을 30초 정도 대고 있으면 심장박동을 체크할 수 있는 기술을 개발했다. 한국계 미국인인 제임스 박이 창립한 핏빗(Fitbit)에서는 당뇨병 환자의 건강관리를 위한 애플리케이션을 개발했다. 만성질환 치료를 위한 기술도 개발 중에 있다.

필립스가 개발한 전동 칫솔은 칫솔모에 가해지는 압력과 치아를 문지르는 패턴 등 센서를 통해 측정한 정보를 스마트폰에 전송해 준다. 그래서 칫솔이 잘 닿지 않는 치아나 관리해야 할 부분 등을 바로 확인할 수 있다. 치과 진료를 받기 전에 일정 기간의 정보를 모아 치과로 미리 보낼 수도 있다.

이처럼 미국과 유럽, 일본 등 이미 많은 글로벌 기업들이 활발하게 스마트헬스 제품과 플랫폼을 개발하고 있다. 스마트헬스산업이 급속도로 발전하게 된 데에는 사물인터넷 발달의 영향이 크다. 사물인터넷은 사물과 사물 또는 사물과 사람이 인터넷을 기반으로 정보를 공유하며 상호작용할 수 있는 지능형 네트워킹기술이다. 미국의 시장조사기관 IDC는 사물인터넷 시장 규모가 빠르게 성장해 300억 개에 달하는 사물이 곧 서로 연결될 것이라고 전망했다. 스마트헬스산업 부흥에는 관련 규제의 완화도 한몫했다. 미국 식품의약국(FDA)은 이미 2015년에 스마트헬스산업 부흥을 위해 의료 보조기기와 저위험 의료기기 데이터 시스템 분야와 관련된 규제를 차례로 완화했다.

한국도 스마트헬스 제품 개발에 박차를 가하고 있다. 삼성전자의 스마트워치, 현대자동차의 하반신마비 환자 보행 보조기, 한국과학기술연구원(KIST)의 당 수치 분석 콘택트렌즈 등이 그것이다. 이외에도 삼성이 개발한 슬립센스(Sleep Sense)는 침대 매트리스 밑에 깔아두면 수면의 질을 체크해 준다. 세계 최초의 시각장애인용 스마트워치인 닷워치(Dot Watch)를 개발한 기업 '닷'의 김주윤 대표는 전 세계 2억 명 시각장애인의 우상으로 떠올랐다.

이제 영화에서 보았던 것처럼 손만 갖다 대면 건강과 관련된 궁금증을 모두 해결할 수 있는 시대가 되어 가고 있다. 스마트헬스 기기가 심장박동에서부터 운동량, 칼로리 소모량, 체성분, 수면의 질, 심리 상태에 이르기까지 인간의 미세한 변화까지 체크하고 관리하는 주치의 역할을 하는 것이다. 스마트헬스산업은 의료 패러다임도 '치료'에서 '예방'으로 바꾸어 나가고 있다. 우리 일상으로 깊숙이 파고든 스마트헬스산업은 인류의 무병장수 욕망을 충족시킬 수 있기에 둘째가라면 서러워 할 황금산업임에 틀림이 없다. 이제 구글, 애플, 삼성, 필립스 등의 글로벌 기업들이 내놓는 스마트헬스 제품들을 안방에서 사용할 날도 멀지 않았다.

제3장

항공산업

최첨단기술 융복합의 꽃이라 불리는 산업. 일본의 조사에 따르면 이 산업의 '심장'에 해당하는 엔진기술의 단위 중량당 신규 창출 가치가 1400(선박 1, 자동차 9, 컴퓨터 300)에 달하며, 제조업 역량 강화를 위한 중국제조 2025의 10대 중점산업 가운데 하나. 그리고 미국 다음으로 중국이 가장 큰 시장을 가진 산업······.

중국의 항공산업에 대한 수식어들이다. 중국의 항공산업이 오랜 활주로 시간을 보낸 끝에 이륙에 성공해 본격적인 궤도에 진입했다. 궤도에 오른 결정체는 중국이 최초로 제작에 성공한 중대형 상용 여객기 C919다. 최대 항속거리 5555㎞인 C919는 보잉사의 B737이나 에어버스사의 A320과 비슷한 기종이다. C919의 2017년 5월 첫 비행 성공은 중국 항공산업의 역사에 '자이언트 스텝(Giant Step)'이 됐다. 동시에 중국이 더 이상 짝퉁의 나라, 모방의 나라가 아니라는 선언이기도 했다.

원래 자이언트 스텝은 미국항공우주국(NASA)의 우주비행사 닐 암스트롱이 아폴로 11호를 이용해 인류 최초로 달에 발을 내딛은 순간을 표현한 말이다. 고작 항공기 한 대의 제작과 비행 성공에 자이언트 스텝이라는 표현까지 쓴 것은 인류가 달에 첫발을 내딛은 그 위대한 순간과 비교할 수 있을 정도로 이것이 중국 항공산업의 역사에서 갖는 의미가 크다는 점을 강조하고 싶어서다. 이를 계기로 중국 항공산업의 거대한 도약(Giant Leap)이 예상된다. 중국의 비약적 성장으로 인해 세계 항공산업의 판도에도 변화의 조짐이 일어날 것으로 보인다.

중국 항공기 시장은
보잉과 에어버스가 독점

현재 중국 내 항공기 시장은 세계 시장을 장악하고 있는 미국의 보잉사와 유럽의 에어버스사가 양분해서 거의 독식하고 있는 형국이다. 항공산업에 대한 진입 문턱이 그만큼 높다는 이야기다. 중국 입장에서는 그 높고 까다로운 문턱을 넘어섰으니 어찌 큰일이 아니겠는가.

중국 항공산업의 규모가 얼마나 큰지는 숫자를 대충 훑어보기만 해도 알 수 있다. 중국 통계국이 발표한 자료에 따르면 중국의 항공기 이용객은 2016년 기준 4억 8776만 명으로 미국의 항공기 이용객 6억 5700만 명에 이어 세계에서 두 번째로 규모가 크다. 한국은 1억 391만 명으로 1948년 첫 민간 항공기 취항 이후 68년 만에 1억 명 시대를 열었다.

중국의 항공산업은 성장 속도도 빠르다. 최근 10년간 이용객 수는 2.5배 증가했으며, 연평균 약 10% 속도로 성장하고 있다. 전체 항공기 운항 노선은 3794개이고, 그중 국내선이 3055개로 전체의 80%를 차지한다. 이런 엄청난 규모의 항공기 시장을 보잉과 에어버스가 양분하고 있다. 2016년 기준 중국 항공사가 보유한 민간용 비행기는 2933대이며, 대부분이 보잉과 에어버스 여객기였다. 중국은 항공기 이용객이 폭발적으로 늘자 얼마 전 보잉과 에어버스로부터 여객기 351대를 새로 구입하기도 했다.

차이나머니(중국 자본)의 위력은 세계 항공기 시장에서도 여지없이 나타난다. 중국의 국가주석이 항공기 쇼핑(보잉이나 에어버스사의 항공기 대량 구입)을 외교 카드로 사용할 정도다. 보잉과 에어버스에게는 중국이 그만큼 중요한 VIP 고객이다. 실제로 시진핑 주석은 지난 2015년 미국을 방문했을 때 300대의 보잉 여객기를 구입하며 보잉사로부터 조립 설비투자를 이끌어 내기도 했다.

중국의 경제 성장으로 중산층이 늘어나면서 항공기 시장의 미래도 장밋빛이다. 계산 빠른 보잉과 에어버스가 가만히 있을 리 없다. 에어버스는 이미 10년 전인 2008년 톈진(天津)에 A320 여객기 조립센터를 설립했다. 보잉과 에어버스의 이 같은 조치는 치밀한 전망 조사에 따른 것이다. 두 회사는 2009년에 향후 20년간(2009~2028년) 세계 민간 항공기 시장의 전망에 대한 보고서를 내놓았다. 중국과 관련한 양사의 조사 결과는 일치했다. 2028년까지 중국에 3800대 가량의 대형 항공기가 신규로 필요할 것이라는 예측이었다.

중국 정부도 항공산업 발전을 위해 다양한 정책을 펼치고 있다. 항공산업이야말로 첨단기술 융복합의 꽃이며, 기술 선진국 대열에 들어서는 관문이라는 판단에서다. 경제 발전 촉진제로서의 역할도 기대하고 있다. 항공기 제조업은 기술과 인재 그리고 자본이 집중되지 않으면 성장할 수 없는 산업이기 때문이다.

중국 정부가 항공산업 발전에 목을 매는 밑바탕에는 자존심 회복도 깔려 있다. 외국산 비행기들이 자국의 하늘을 활개 치며 날아다니는 광경을 보는 게 결코 유쾌한 일은 아닐 것이다. 게다가 중국 항공기 시장의 규모가 날로 커지는 상황에서 자국 기업이 시장을 탈환하기 위해 노력하는 것은 당연한 일이다.

중국이 대형 항공기 제작을 시도한 것은 1970년대부터다. 중국 국무원 산하 중국외문국《인민화보》에 따르면 1970년 여름, 마오쩌둥(毛澤東) 주석이 상하이를 시찰하며 "상하이는 공업 기초가 탄탄하니 비행기를 제조하라"고 지시한 것이 계기가 됐다. 후에 '708 공정'이라 불린 대형 항공기 제조 사업은 그렇게 시작됐다. 그리고 채 10년이 지나지 않아 '윈(運)-10'이 탄생했다.

윈-10은 중국 역사상 항공계 종사자들이 혼신의 노력으로 개발한, 진정한 의미의 중국 대형 항공기로 평가된다. 그렇게 태어난 윈-10의 운명은 기구했다. 장시간 시험비행에도 성공했지만 자금 조달 등의 문제로 1980년대 중반 조용히 사라졌기 때문이다. 이후 세계 민간 항공기 시장에 폭발적인 수요가 발생했지만 준비가 되지 않은 중국은 손 놓고 바라볼 수밖에 없었다. 그 사이에 기술과 자본을 가진 미국의 보잉과 유럽의 에어버스 양사가 세계의 하늘을 독점했다. 중국은 매년 거액을 들여 두 회사의 항공기를 구입할 수밖에 없었다. 대부분은 필요에 의해서였지만 관계 유지를 위한 구입도 있었다. 최근 중국이 미국과의 무역 불균형 해소(미국에 대한 무역 흑자 축소)를 위해 보잉사의 최신 여객기 '737 맥스 10'을 60대

넘게 주문한 것도 관계 때문이다.

세계 항공기 시장에
지각변동을 예고하다

2000년대 초 중국 정부는 대형 항공기를 다시 제작하기로 결정했다. 그리고 2008년 중국 국무원 국유자산관리감독위원회는 소형 비행기 ARJ21을 제작하던 중국상용항공비기유한공사와 공동으로 190억 위안(약 3조 2000억 원)을 출자해 항공기 제조업체인 코맥(COMAC)을 설립했다. 코맥의 실질적인 대주주가 중국 국무원인 셈이다. 그 코맥이 2008년 제작에 돌입해 최근 성공리에 시험비행까지 마친 것이 C919다. 'C'는 'China(또는 제조사 COMAC)'의 앞 글자이며 '9'는 중국어 발음이 같은 '久(오래도록 영원하다)'를, '19'는 최대 좌석 수인 '190석'을 의미한다. C919는 기체 내 복도가 하나인 중대형 여객기로 단거리 국제선이나 국내선에 이용될 전망이다.

중국이 최초로 중대형 상용 여객기 제작에 성공했지만 기술적 논란이 일고 있는 것도 사실이다. 논란의 핵심은 C919에 들어간 중국산 부품이 20%에 불과하며, 주요 부품도 모두 외국산이라는 점이다. 한마디로 '기술력을 믿지 못하겠다'는 말이다. 이에 대해 중국 정부는 코맥이 동력 시스템, 구조 설계 등 100여 개의 핵심 기술을 확보하고 있다고 주장하고 있다.

중국 국무원이 2015년 발표한 중국제조 2025에는 항공우주산업이 10대 중점산업 중 하나로 명시되어 있다. 항공산업의 완전한 밸류체인(value chain, 기업 활동에서 부가가치가 생성되는 과정) 구축이 목표다. 중국 정부는 자국의 항공산업을 국내 수요와 운용 경험을 바탕으로 기술력을 개선해 성장시킨 다음, 그 기반을 토대로 해외 항공기 시장을 공략할 것으로 예측된다.

코트라에 따르면 코맥은 2017년 5월 총 24개사로부터 600대의 주문을 받았다. 에어차이나, 동방항공, 남방항공, 해남항공 등 중국 항공사가 135대를 주문했고, 국유 은행이 100% 지분을 가지고 있는 금융리스기관 두 곳이 431대를 주문했다. 세계에서 가장 큰 민간 항공사 리스 회사인 미국의 GE캐피털항공서비스(GECAS), 독일의 퓨렌항공(Puren Airlines), 태국의 시티항공(City Airways)도 총 34대를 주문했다. C919의 가격은 5000만 달러(약 560억 원) 이하로 경쟁 기종에 비해 1000만~2000만 달러 정도 저렴하게 책정될 것으로 알려졌다.

세계적인 추세인 저가 항공사 증가도 중국의 항공산업 발전에 도움이 될 것으로 보인다. 순풍에 돛 단 상황이 전개될 가능성도 배제할 수 없다. 중국 정부 역시 해외시장 공략에 적극 나서고 있다. 리커창 총리가 2017년 6월 독일을 방문할 때 메르켈 총리에게 C919의 유럽연합 내항증 허가 지원을 요청한 것이 단적인 사례다.

코맥은 C919 시범비행 성공 이후 러시아의 연합 항공기 회사(UAC)와 합작으로 중러국제상용항공기공사(CRAIC)를 설립하고, 후속 모델인 C929 개발 계획을 발표했다. C929는 280개 좌석을 가진 항공기로 항속거리는 1만 2000㎞이며 장거리 노선에 활용될 예정이다. 120억 달러가 투입돼 2025년에 첫 시범비행이 이뤄질 것으로 보인다.

중국에서 항공산업이 가장 발달한 곳은 톈진이다. 중국은 톈진의 경제

특구인 빈하이신구에 30㎢ 면적의 항공우주산업단지를 만들고 있다. 중국의 목표는 '항공성'이라고 불리는 이곳을 세계의 항공우주산업단지로 만드는 것이다. 현재 이곳에는 중국항공공업그룹, 중국항공과기그룹, 중국항공과공그룹 등 중국의 항공산업을 이끌고 있는 선두 주자들이 위치해 있다. 항공성의 산업 규모는 2020년에는 1400억 위안(약 23조 원)에 달할 것으로 전망된다.

항공기 제작 분야는 한국이 자금 조달 등의 이유로 포기한 시장이다. 그 시장에서 중국은 지금 승승장구하고 있다. 어느 시트콤 제목처럼 '거침없이 하이킥'이다. 미국의 보잉과 유럽의 에어버스가 사이좋게 나눠 먹고 있는 세계의 하늘길에 ABC 구도(Airbus-Boeing-COMAC)를 구축하겠다는 '중국몽(夢)'이 구체화되어 가고 있다. 그것도 아주 빠른 속도로.

팽창하는
중국 항공기 시장

중산층 급증 등에 힘입어 중국에서 향후 20년간 신규 여객기 수요가 7000대를 넘어설 전망이다. 《베이징청년보》는 세계적인 항공 제조사인 보잉사의 보고서를 통해 중국의 국내외 항공 여행 수요가 급증하면서 앞으로 2036년까지 항공기에 대한 신규 수요가 7240대에 달할 것으로 보도했다. 이는 2016년에 보잉사가 예측한 6810대에서 6.3% 늘어난 것으로, 시장 가치로 따지면 1조 1000억 달러(약 1242조 원)에 달하는 규모다. 특히 '싱글아일(Single-aisle, 단일 통로의 구조로 기내 통로가 두 개인 트윈

아일에 비해 기체가 작은 종류)'이 중국을 비롯한 아시아 지역에 공급되는 주력 기종이 될 것이라며, 2036년 중국의 싱글아일 신규 수요는 5420대로 전체 여객기 수요의 75%에 달할 것으로 보고서는 전망했다.

보잉의 마케팅 부사장 랜디 틴세스는 "중국 경제의 지속적인 성장, 중산층 인구 확대, 인프라 건설 투자 급증, 항공 비즈니스 모델의 발전·변화 등의 요인으로 중국 항공기 시장의 성장세가 세계 평균을 웃돌 것"으로 내다봤다. 그는 향후 20년간 전 세계 신규 항공기 수요의 20% 정도가 중국 항공사에서 비롯될 것이라고도 덧붙였다.

한편 중국은 급증하는 항공기 여객과 화물의 수요에 대비해 공항 건설에도 박차를 가하고 있다. 중국의 경제일간지 《21세기경제보도》에 따르면 국가발전개혁위원회(발개위)는 2017년 7~8월에 총 4개 공항 건설 사업에 대한 타당성보고서를 승인했다. 4개는 각각 광시자치구 위린공항, 후난성 샹시공항, 구이저우성 웨이닝공항 건설과 신장자치구 우루무치국제공항 증축 사업으로 총 투자 규모만 460억 위안(약 7조 9500억 원)에 달한다. 발개위는 중국의 소비구조 변화, 주민 소득과 삶의 수준 향상, 전자상거래와 물류 팽창 등으로 항공기 수요가 급증한 데 따른 것이라고 설명했다.

제4장

프랜차이즈 편의점산업

필자가 2002년 상하이에서 유학할 당시 밤에 먹거리를 찾아 학교 밖을 나갔다가 깜짝 놀랐다. 세계 금융 도시로 발돋움하고 있는 상하이의 밤이 깜깜했기 때문이다. 한국의 편의점을 생각하고 밖을 나섰지만 편의점을 찾기는 어려웠다. 결국 옆방에서 S라면을 빌려서 허기진 배를 채웠던 기억이 있다. 요즘에는 중국에도 편의점이 많다. 최근 한국 프랜차이즈 업계는 오너 일탈과 가맹점에 대한 본사의 횡포로 인해 갑질의 대명사로 전락했다. 명(明)이 있으면 암(暗)이 있게 마련이지만 안타까운 일이 아닐 수 없다. 한국에 프랜차이즈산업이 시작된 건 40년 전인 1977년이다. 지난 40년간 시장 규모는 100조 원대로 늘었다. 고용 창출도 140만 명에 이를 정도로 비약적으로 성장했다. 프랜차이즈산업의 대표 주자는 단연 편의점이다.

지난 1989년 5월 세븐일레븐이 서울 송파구 방이동 올림픽선수촌에 국내 1호점을 연 것이 프랜차이즈 편의점의 시초다. 긴 세월이 흐른 지금은 한국을 편의점 공화국이라 불러도 될 정도로 숫자가 많다. 2016년 말 5대 프랜차이즈 편의점(CU, GS25, 세븐일레븐, 위드미, 미니스톱) 수만 3만 3000개를 넘어섰다. 하지만 편의점의 진화에는 끝이 없는 듯하다. 음료와 과자 위주로 단순했던 상품이 이제는 원두커피와 치킨, 고급 도시락, 택배 서비스로까지 다양해졌다. 현금 입출금과 계좌이체 서비스도 이용할 수 있다. 심지어 여름철 보양식도 판다. 한마디로 편의점은 '생활 플랫폼'이 됐다. 이제 편의점이 없으면 일상생활이 곤란할 정도다. 광활한 땅을 가진 중국의 편의점산업은 어떨까.

눈에 띄는 건 가파른 성장 속도다. 중국의 도·소매 시장에서 편의점은 유일하게 빨리 성장하는 오프라인 시장이다. 전자상거래의 빠른 발전으로 인해 대형 매장이나 백화점 등 기존 오프라인 도·소매상들의 입지가 크게 축소되고 있는 것과는 대조적이다. 여기에 전통적인 소매업계는 물론 알리바바와 징둥 등 온라인 선두 기업들마저 편의점산업에 진출하고 있어 폭발적인 성장이 예상된다. 중국프랜차이즈협회(CCFA)가 최근 발표한 '2017 중국 편의점 발전 보고'에 따르면 2016년 말 기준으로 중국 내 편의점 브랜드는 260개가 넘는다. 편의점 점포 수는 약 9만 8000개로 2015년의 9만 1000개에 비해 7.7% 증가했다. 중국 편의점산업의 2016년 매출액은 1334억 위안(약 22조 4000억 원)으로 2015년의 1181억 위안(약 19조 8000억 원)에 비해 13% 늘었다. 점포 1개당 일평균 매출액은 3714위안(약 62만 원)으로 전년 동기 대비 4% 증가했다.

중국 편의점산업의 특징은
지역집중형

땅이 넓어서 그런지 중국 전역에서 운영되는 편의점 브랜드는 아직 없다. 게다가 중국 편의점산업의 성장 가능성은 매우 크다. 초기 투자 자본이 상대적으로 적은 데다 성숙기까지 도달하는 데 소요되는 기간이 짧고, 정부의 장려 정책으로 다른 업종에 비해 빠르게 성장할 수 있기 때문이다. 실제로 높은 창업 열풍에 힘입어 새로운 브랜드가 속속 생겨나고 있다. 성장 가능성이 높은 지역은 1, 2선 도시다. 1인 가구인 '나홀로 가구'가 1, 2선 도시를 중심으로 늘어나고 있는 것도 이들 도시에서의 편의점산업 성장을 뒷받침한다. 광둥, 저장, 상하이, 장쑤 등 대도시 지역에는 이미 편의점이 집중돼 있다. 구매력이 상승한 3, 4선 도시에서도 편의점산업이 성장할 소지는 크다.

현재 중국의 시장점유율 1위 편의점 브랜드는 '메이이자(美宜佳)'다. 광둥 지역 둥관시를 기반으로 하고 있는 이 브랜드는 점포 수가 1만 개를 돌파해 19.6%의 시장점유율을 보이고 있다. 그 뒤를 시장점유율 7.3%의 '톈푸(天福)'가 쫓고 있다. 중국 내 편의점산업의 특징은 도시별로 발전 속도가 크게 다르다는 점이다. 1선 도시 중 상하이와 선전 지역은 편의점산업의 발전 수준이 높은 반면, 베이징과 광저우 지역의 발전 수준은 상대적으로 낮다. 또 편의점산업 발전 수준에 지역별로 큰 격차가 있다는 점도 특징이다. 남쪽 해안가 지역의 편의점산업은 급격한 발전을 이룬 반면 시베이(西北)와 시난(西南) 등 내륙 지역의 발전은 낙후된 상태다. 24시간 영업하는 편의점의 지역적 분포도 현저하게 차이가 난다. 남방 지역이 북방 지역에 비해 현저히 높다. 24시 편의점의 비율이 50%를 초과한 도시 중 남방 지역에 위치한 도시는 76.9%로 절대적 우위를 보인다. 이는 남·북방 지역 소비자의 생활 습관 차이와 기후, 영향 등의 요인 때문인 것으로 풀이된다.

중국프랜차이즈협회가 조사해서 발표하는 자료 중에 '중국 도시 편의점 지수'라는 게 있다. 한마디로 도시별로 편의점을 이용하기가 얼마나 편한지에 대해 조사한 것이다. 중국의 그 많은 도시 중에서 1위는 과연 어느 도시일까. 바로 선전이다. 선전은 2015년과 2016년에 걸쳐 2년 연속 1위에 올랐다. 생활 플랫폼이 모세혈관처럼 잘 분포된 선전시를 '중국에서 가장 편리한 도시'로 평가해도 과언이 아닌 이유다. 1선 도시인 선전은 편의점 점포 보유량에서 우위를 차지하고 있을 뿐만 아니라 신규 점포 증가율도 높다. 중국프랜차이즈협회의 통계에 따르면 선전의 2016년 편의점 점포 증가율은 25%에 달했다. 중국프랜차이즈협회가 발표하는 편의점 지수는 종합적인 지표로서의 가치가 있다. 프랜차이즈 편의점의 점포 보유량, 신규 점포 증가율, 24시 편의점 비율, 도시의 정책 지원 강도 등 핵심 수치에 대한 종합적인 평가이기 때문이다. 지수를 산출하는 방식은 다음과 같다. '총 점수=(점포 보유량 점수×40%)+(신규 점포 증가율 점수×30%)+(24시 편의점 점수×10%)+(지원 강도 점수×20%)'다.

중국 편의점산업의 전망

중국 내 외국계 편의점으로는 일본 브랜드가 가장 안정적인 점포 확장세를 유지하고 있다. 세계 3대 편의점 브랜드인 세븐일레븐(7-Eleven), 패밀리마트(Family Mart), 로손(Lawson)이 그것이다. 이들 세 브랜드가 중국 내에 보유하고 있는 점포 수는 2016년 말 기준으로 각각 2270개, 1772개, 851개다. 세븐일레븐(베이징)유한공사 우멍(吳萌) 행정본부장은 "현재 세븐일레븐의 핵심 목표는 점포 확장이며, 1~2년을 주기로 새로운 도시에서 점포를 늘려 나갈 계획"이라고 밝혔다. 베이징 지역에서만 연평균 점포 30~40개를 신규로 늘릴 예정이며, 다른 도시에서도 비슷한 발전 속도를 유지하겠다는 방침이다. 패밀리마트는 곧 중국 내 점포 수를 7500개로 늘리고, 시장이 성숙기에 접어드는 2024년에는 1만 개까지 늘릴 계획이다.

전통적인 소매업계 선두 기업들도 편의점산업에 진출하고 있다. 중바이(中百)그룹, 톈훙상창(天虹商場), 융후이마트(永輝超市, 대형마트 체인점), 쑤닝윈상(蘇寧雲商), 부부가오(步步高, iBBG 편의점 연맹), 이야퉁(怡亞通), 순펑(順豊) 등 전통 소매업계 기업들이 편의점산업에 투자하고 있다. 코트라 칭다오무역관 이맹맹 조사관은 "전통적인 소매업계 기업들은 비록 편의점산업에 늦게 뛰어들었지만 상품의 공급 사슬, 물류망, 고객 자원 등을 이미 구비하고 있는 데다 편의점산업 형태와 조화가 가능해 시간이 흐르면 현재 우위에 있는 프랜차이즈 편의점을 능가할 가능성도 배제할 수 없다"고 말했다.

온라인 선두 기업들도 편의점산업으로 사업 영역을 확장하고 나섰다. 먼저 알리바바의 마윈 회장은 편의점산업을 중점산업으로 규정했다. 2017년 2월, 알리바바는 콰이커(快客)편의점과 롄화(聯華)마트를 포함해 4800개 정도의 점포를 소유하고 있는 중국 최대 오프라인 유통업체 중한 곳인 바이롄(百聯)그룹과 전략적 협력 협정을 체결했다. 마윈 회장은 "2017년은 알리바바 신(新)소매의 원년(元年)"이라고 말했다. 알리바바에 이어 중국 2위 전자상거래업체인 징둥도 편의점산업에 시동을 걸었다. 2017년 4월, 징둥그룹의 이사장 겸 CEO 류창둥은 중국에 100만 개 편의점을 세우겠다는 '징둥 백만 편의점' 계획을 공식적으로 발표했다. 이에 따라 징둥은 앞으로 5년간 중국에 징둥편의점 100만 개를 세울 예정이며, 그중 절반은 농촌 지역에서 오픈할 계획이다.

중국 편의점산업이 이처럼 빠른 발전을 이뤄 낼 수 있었던 원동력은 무엇일까. 가장 중요한 건 대형마트나 백화점, 쇼핑센터 등에서는 얻을 수 없는 '편리성' 욕구를 편의점이 충족시킬 수 있기 때문이다. 또 편의점이 전자상거래산업과 조화를 이룬다는 점도 간과할 수 없는 대목이다. 편의점산업은 전자상거래산업에 경쟁적이거나 위협적이지 않을 뿐만 아니라, 오히려 협력을 통해 라스트킬로미터(Last Kilometer, 물품이 고객에게 전달되는 배송의 마지막 단계) 같은 물류 문제를 해결할 수 있기 때문이다. 이와 함께 전자상거래 플랫폼에서 물품 수취나 배송 상황을 확인할 수 있다는 점도 소비자들에게는 매력적인 요소로 작용한다. 나아가 상품 판매에만 의존하는 대형 마트와는 달리 의류 수거와 택배 서비스, 교통카드 충전 등의 생활 서비스 제공을 통해 다양한 방식으로 이윤을 얻을 수 있다는 점도 편의점산업 발전에 기여한다.

편의점산업의 발전은 도시의 발전 속도와 궤를 같이한다. 중국의 도시화 속도가 가속화되고 있고 앞으로도 당분간 계속될 전망임을 감안하면, 편의점산업 또한 고속 성장을 지속할 것으로 보인다. 중국에서 편의점은 이제 생활 플랫폼으로서 확고하게 자리 잡았다. 중요한 건 지속적으로 성장하는 것이다. 앞으로 편의점산업의 운명은 생활 서비스를 어떻게 더욱 풍부하게 만들어 나갈 것이냐, 전자상거래 플랫폼과 협력하여 온라인-오프라인을 어떻게 결합할 것이냐에 달려 있다고 해도 과언이 아니다.

· 제5장 ·

실버산업

중국은 인구가 많다. 고로 노인도 많다. 2050년이 되면 인구 3명 중 1명이 60세 이상 노인이 될 것이라는 통계도 나왔다. 중국 산둥성 옌타이시에는 한국의 보바스병원이 중국 루예그룹과 손잡고 문을 연 재활병원이 있다. 옌타이시는 한국과 비행기로 1시간 거리에 있고 매일 4~5편의 항공기가 운항되고 있다. 하지만 가깝다고 한국에 있는 한국인을 대상으로 병원을 유치한 것은 아니다. 보바스재활병원의 타깃은 중국인이다.

중국에서 황금시장으로 부상한 유아산업만큼이나 주목받는 시장이 실버산업이다. 유아산업이 중국의 미래를 이끌 산업으로 부상한 것은 둘째 출산을 전면 허용한 얼하이 정책에 힘입은 탓이다. 반면 실버산업이 블루오션이자 신성장동력으로 떠오른 것은 급격한 노인 인구의 증가 덕분이다. 둘의 공통점은 숫자다. 신생아든 노인이든 소비자의 수가 많아지면 산업은 부상하기 마련이다. 이처럼 산업에서 숫자는 매력 그 자체다.

중국의 60세 이상 노인 인구는 지속적으로 늘어나고 있다. 1949년 신중국 건국 이후 1950년대에 출생한 베이비부머들도 노령에 접어들고 있다. 2016년 말 현재 중국의 60세 이상 노인 인구는 2억 2900만 명으로 전체 인구의 16.6%를 차지한다. 2000년 1억 3000만 명에서 16년 만에 1억 명이나 늘어났다. 독거노인만 절반에 가까운 1억 명에 육박한다. 유엔인구국(2013년)에 따르면 중국은 2025년에 65세 이상 인구 비중이 14.0%로 증가해 고령사회가 된다. 10년 후인 2035년에는 20.9%로 증가해 초고령사회가 된다. 고령화 속도가 그만큼 빠르다는 의미다. 중국 정부의 두 자녀 정책 시행에는 인구 고령화를 막기 위한 전략도 깔려 있다. 중요한 건 중국 노인 인구의 소비 잠재력이 크다는 점이다. 코트라가 분석한 '중국 실버산업 청서' 자료에 따르면 중국 노인 인구의 소비 잠재력은 지난 2014년 4조 위안(약 700조 원)에서 2050년 106조 위안(약 1경 8400조 원)으로 늘어난다. 국내총생산(GDP)에서 차지하는 비중도 8%에서 33%로 증가한다.

실버산업은 크게 의료보건업, 노인용품, 가사 서비스, 부동산, 보험, 금융, 오락, 여행 등으로 나뉜다. 중국 실버산업의 시장 규모는 2050년에 5조 위안을 돌파할 것으로 추정된다. 중국이 정부 차원에서 실버산업에 대한 정책적 지원을 늘리고 있는 것도 시장 규모의 증가와 무관하지 않다. 다른 많은 분야와 마찬가지로 실버산업도 정보통신기술과 사물인터넷 등의 발전에 힘입어 스마트화되고 있다. 그래서 '스마트실버산업'으로도 불린다. 저비용 고효율을 목적으로 하는 실버산업의 새로운 트렌드다. 스마트실버는 크게 4가지 분야로 구분해 앞으로의 시장 성장성과 정책 방향을 가늠해 볼 수 있다. 양로 서비스 플랫폼과 양로 의료, 양로 설비, 노인보험

이 그것이다. 양로 서비스 플랫폼은 노인-가정-양로기관-정부 부처 간 실시간 정보 교환(모바일, 사물인터넷, 클라우드 등의 기술 활용)을 통한 노인 빅데이터 플랫폼의 벤처 기업 증가를 내용으로 하고 있다. 그리고 양로 의료는 노인 의약품, 보건 설비, 노인 의료 서비스 등 실버 상품 출시 기업 증가를, 양로 설비는 치료, 요양, 재활, 노인 여가 등 특수 목적에 맞는 기관 설립 추진을, 노인보험은 노인 전용 사회보험제도 및 보험 상품 출시 증가를 각각 내용으로 한다.

스마트실버 전문 단지도 증가하는 추세다. 최근 3만 9000㎡ 규모에 700명 정도를 수용할 수 있는 노인 전용 단지가 베이징에 개설됐다. 이곳은 전문 의료 시설과 식단 조절 시스템, 온천, 문화·체육 시설을 갖추고 있다. 단지 내에서는 무선인식(RFID) 기술을 활용한 원격 진료와 진단이 이루어진다. 또 전문 간호사와 생활체육 보조사가 상주하며 생활 전반에 걸쳐 노인을 위한 맞춤 서비스를 제공한다. 베이징뿐만 아니라 2, 3선 도시에서도 지방정부 차원의 노인 복지 시설 건설 및 권역별 노인 서비스가 강화되고 있다.

구매력을 갖춘 중산층 노인 인구의 증가와 노년층의 모바일 기기 사용 확산도 특징이다. 구매력을 갖춘 1950년대와 60년대 출생 인구가 노령화와 함께 새로운 소비 계층으로 부상하고 있다는 이야기다. 이들은 한국의 카카오톡에 해당하는 중국의 모바일 메신저 위챗과 모바일 간편 결제 서비스인 알리페이 등 IT기기 및 서비스에 익숙한 세대로 모바일 기반의 노인 서비스에 대한 접근성이 높다. IT와 모바일을 연동한 건강관리 애플리케이션, 식단 관리 프로그램 등 노인 서비스에 대한 개발이 활성화되고 있는 이유도 여기에 있다.

중국 실버산업의 또 다른 특징은 정부 위주의 프로젝트 개발이라는 점이다. 실버산업에 대한 수요가 늘어나고 있지만, 아직까지는 정부기관이나 국유 기업이 주도하는 대규모 프로젝트나 기술 구매가 대부분이다. 비록 지금은 중국의 스마트실버산업 수요가 크게 B2G(기업과 정부)에 머물러 있지만, 앞으로는 B2B(기업과 기업)와 B2C(기업과 소비자)로 무게중심이 이전될 가능성이 크다. 산업의 발전과 성숙 과정은 보편적으로 '정부를 넘어 민간으로' 이어지기 때문이다.

중국 공업화신식부(공신부)는 2017년 2월 '실버산업 스마트화 발전 계획(2017~2020년)'을 발표했다. 발표 내용의 골자는 정부가 민영 시설, 기업 참여, 관민 결합 등 다양한 운영 모델을 연구해 실버산업에 사회 자본을 투입시키겠다는 것이다. 보장성 서비스는 정부에서 책임지고, 구매·고급화·개성화 등 수요는 시장의 메커니즘에 맡기겠다는 정부의 강한 정책 의지를 반영하고 있다. 또 중국 정부는 100개 이상의 스마트실버 시범기지 건설을 정책 목표로 삼고 있다. 실버산업 분야에서 100개 이상의 선도 기업을 육성하기 위해서도 노력하고 있다. 이와 함께 건강관리와 재택 양로 등 스마트실버 서비스를 전국 단위로 보급한다. 스마트실버 제품과 서비스에 대한 표준 제정 및 개인정보 보호 방안도 마련하게 된다.

중국 정부가 실버산업의 스마트화를 위해 중점적으로 발전시키고자 하는 제품 분야는 건강관리 웨어러블 기기, 유대용 건강검진 기기, 셀프 건강검진 기기, 스마트 간호 기기, 가정용 로봇, 데이터 관리 및 서비스 시스템 구축 등이다. 이와 관련해 중국 정부는 스마트실버산업에 대한 외자 기업의 진출을 지원하는 내용의 정책을 발표하기도 했다. 중국 상무부와 민정부는 2014년 11월에 외국 자본의 중국 내 영리형 양로기구 설립을 허용하는 내용을 공고했다. 이에 따라 외국인 투자자는 단독으로, 혹은 중국 회사 및 기타 경제조직과 합자(또는 합작) 등의 방식으로 영리형 양로기구를 설립할 수 있게 됐다. 각종 세금 및 행정 비용 감면 혜택을 받을 수도 있다. 중국 정부의 이 같은 외자 기업의 실버산업 진출 지원에는 양로기구의 규모화 발전, 프랜차이즈 경영 방식 도입, 우수한 양로기구 브랜드 창출 등의 전략이 깔려 있다.

현재 중국의 실버산업 정책은 과거의 실버산업 정책과는 양상이 판이하다. 과거의 실버산업이 단순히 양로원 설립 및 인력·인프라 기반의 산업이었다면, 이제는 각종 IT기술을 접목한 스마트화로 산업 발전의 초점이 바뀌었다. 그리고 이는 사물인터넷과 빅데이터 등 IT 기반 기술에 강한 한국의 기업들에게도 좋은 기회가 될 수 있을 것으로 보인다. 중국의 연안 도시 등 1, 2선 도시의 경우 중장년층의 스마트 기기 보급률이 높을 뿐만 아니라 모바일 서비스에 대한 활용률이 높아 온라인과 모바일 기반의 노인 서비스 진출 시 성공할 가능성이 높다.

최근 중국 정부는 스마트실버와 연계한 의료 바이오 분야의 대규모 프로젝트를 발주하고 있다. 특히 지방정부들의 경우 종합병원의료시스템 구축과 종합의료복합단지 건설 등 대규모 프로젝트를 추진하는 과정에서 관련 유망 기술에 대한 합작 의지가 높은 편이어서 한국의 관련 분야에게는 블루오션이 될 가능성이 있다. 중국의 실버산업 발전도 한동안 가속도를 낼 것으로 보인다. 중국의 경제개발 5개년 계획 중 13.5규획(2016~2020년)에서 그 근거를 찾을 수 있다. 인구 고령화가 처음으로 '절(節)'에서 '장(章)'으로 승급됐다. 또 제65장 제목이 '인구 고령화 적극 대응'이다. 중국의 발전은 우리에게도 기회다. 중국의 실버산업 성장은 우리 한국에도 황금알을 낳는 거위가 될 수 있다.

중국에서
노후 생활하기 좋은 도시는?

중국에서 의료 수준이 가장 높은 지역은 어디일까. 정답은 상하이다. 상하이는 중국의 인터넷 매체 '첸룽왕(千龍網)'이 대기 지수와 의료 지수, 교통 지수 등을 종합적으로 고려해 선정한 '중국 내 노후 생활하기 좋은 도시 18개' 중에서 1위를 차지했다. 18개 도시에는 상하이를 비롯해 청두(成都), 샤먼(廈門), 옌타이(煙臺), 다롄(大連), 하이커우(海口), 쑤저우(蘇州), 주하이(珠海), 쿤밍(昆明), 중산(中山), 웨이하이(威海), 항저우(杭州) 등이 포함됐다. 상하이에는 중국 국가 특수병원을 제외하고 가장 높은 등급인 3갑(甲)병원이 30곳 이상 있다. 9만 개 이상의 병실 침대도 구비돼 있다. 또 상하이는 2016년 5월 1일부터 노인 종합 보조금 제도를 실시해 매달 65세 이상 노인에게 75~600위안(약 1만 2000원~10만 원)의 보조금을 지원하고 있다.

중국 산둥성 동부에 있는 칭다오(青島)시의 경우에는 이미 지난 2012년도에 양로 서비스기관의 표준화, 규범화, 전문화를 위한 기준을 발표했다. 칭다오시는 중국에서는 처음으로 각 양로기관의 침대 수, 녹지율, 실내 면적, 시설 등 구체적인 기준을 마련해 양로 서비스기관을 평가하고 있다. 1성에서 5성까지 등급을 매긴 다음, 관련 급수 및 증서 획득 여부에 따라 지원금을 제공하는 식이다. 예를 들어 5성급 양로기관의 경우 최소 300개 이상의 침대, 600㎡ 이상의 실외 운동장, 환자 수 대비 간병인 80% 이상 확보, 서비스 만족도 95% 이상, 입주율 80% 이상의 기준을 충족해야 한다. 이런 노력으로 인해 칭다오시는 2016년 중국 최초의 의료·양로 결합 시범실시 지역으로 선정되기도 했다. 이에 따라 칭다오시 당국은 '의료 속의 양로, 양로 속의 의료'를 실현하기 위해 구체적인 행보에 나서고 있다. 의료와 양로는 물론 재활과 간병 등의 원스톱 서비스를 구현하는 칭다오 모델 구축에도 박차를 가하고 있다.

중국 전역이 모두 상하이와 칭다오시 수준이라면 좋겠지만 실상은 그에 한참 미치지 못한다. 양로원 수는 2015년 말 기준으로 중국 노인의 3% 정도밖에 수용할 수 없을 정도로 부족한 상황이다. 중국 정부는 이런 현실을 감안하여 양로 서비스산업을 강력하게 육성하고 있다. 사실 실버산업에서 성장 가능성이 가장 높은 분야가 바로 이 양로 서비스산업이다. 양로 서비스산업은 노인에게 돌봄과 간호 서비스를 제공하고, 노인의 특수한 생활 수요를 충족시키는 서비스산업을 말한다. 중국의 전국노령사업위원회는 양로 서비스산업의 범위를 노인의 기본적인 생활 보장과 돌봄, 노인용품 생산, 의료 서비스, 긴급 구조, 의료재활, 의료 및 관리 정보, 문화, 헬스, 엔터테인먼트, 대리 구매, 탁노소(託老所, 출퇴근길에 아이를 맡겼다 찾는 탁아소와 비슷한 시설) 등으로 광범위하게 보고 있다.

중국의 노령층 인구 특색은 크게 세 가지다. 고령화와 핵가족화 그리고 1인 노인 가구 증가가 그것이다. 또 도시와 농촌은 상반된 양상을 보이고 있다. 가장 대표적인 것이 양로원 입주율이다. 양로원은 공립 양로원과 민영 양로원으로 구분되는데, 공립 양로원의 경우 가격이 저렴하고 서비스도 좋아 입주하기가 힘들다고 한다. 베이징의 인기 있는 양로원은 대기자가 많아 100년을 기다려도 입주할까 말까 할 정도다. 반면에 농촌 양로원의 입주율은 절반에도 미치지 못한다. 전국 양로원의 빈 침대 비율은 48%에 달한다. 침대 두 개 중 하나가 비어 있다는 말이다.

2016년 11월 발표된 중국 도·농 노인 생활 상황 표본조사 결과를 보면, 2015년 중국 노인 중 15.3%가 돌봄 서비스를 필요로 하고 있다. 2000년도의 6.6%와 비교하면 8.7%p가 상승한 것이다. 노인 가정 양로 서비스에서 가장 필요한 도움은 방문 진찰(38.1%)이었으며, 방문 가사(12.1%)와 재활 관리(11.3%)가 그 뒤를 이었다. 중국산업정보망이 조사한 자료에 따르면 노인 중 45.1%가 자신의 건강이 보통이거나 나쁘다고 생각하고 있었다. 또 노인 중 27.6%는 일상생활에서 가장 큰 지출을 차지하는 것이 진찰 비용과 약값이라고 대답했다.

중국 정부는 외국인 투자자들에게 양로 서비스 시장을 전면 개방하고 있다. 현재 중국에서는 외국인도 비영리성 양로기관을 설립할 수 있다. 영리성 양로기관도 선발급·후허가 기준을 적용하고 설립 절차를 간소화하는 등 중국 정부가 적극적으로 지원하고 있다. 양로 서비스산업을 신성장 동력으로 삼겠다는 중국의 의지를 엿볼 수 있는 대목이다. 문은 열려 있고, 우리도 그 문으로 들어갈 수 있다. 누가 언제 들어가느냐의 문제일 뿐이다.

제6장

싱글산업

2017년 MBC 방송연예대상에서 '올해의 예능 프로그램'으로 〈나 혼자 산다〉가 선정됐다. 그리고 연예대상은 〈나 혼자 산다〉의 전현무가 받았다. 동 프로그램의 다른 출연자인 박나래, 한혜진, 헨리도 최우수상, 우수상을 받았다. 또 요즘에는 흔히 혼밥(혼자 밥 먹기) 시대라고 한다. 혼밥하기 좋은 맛집 여행도 인기다. 광화문으로 출근했다가 점심시간에 밖으로 나오면 편의점에서 혼자 식사하는 넥타이맨을 쉽게 볼 수 있다. '저리 급하게 먹다가 하얀 셔츠에 튀지 않을까' 하는 염려도 대신해 준다.

중국에서는 싱글족(홀로 살며 자신만의 삶을 즐기는 사람)을 겨냥한 산업이 전방위로 확산되고 있다. 싱글족을 대상으로 한 스타트업이 번창하는가 하면 기존 산업 분야에서도 싱글족에 포커스를 맞춘 전략을 강화하고 있다. '싱글족 광풍'이라고 해도 손색이 없을 정도다. 글로벌 시장조사기관 유로모니터에 따르면 중국의 싱글족은 2017년 10월을 기준으로 2억 명을 돌파했다. 한국과 북한 그리고 일본의 인구를 합한 것과 맞먹는 수치로, 말 그대로 '싱글 대국(大國)'이다. 이는 또한 중국 전체 인구 14억 명의 14%에 해당한다. 1990년의 6%에 비하면 27년 만에 비율이 2.5배나 늘어난 셈이다. 베이징, 상하이, 선전, 광저우 등 중국의 1, 2선 도시들이 싱글족들의 소굴이 된 것은 이미 오래전의 일이다.

싱글족을 겨냥한 스타트업의 특징은 바로 사람들의 '감성'을 채워 준다는 점이다. 즉 고향을 떠나 대도시에서 혼자 생활하는 외로움을 잊게 만들어 준다. 스타트업의 성공 비결은 '원하는 곳에 시간과 돈을 투자한다'는 싱글족의 성향을 발 빠르게 충족시켜 주는 데 있다. 코트라에 따르면 싱글족을 위한 개인 영화관이 인기를 끌고 있다. 개인 영화관은 상영 시간표가 정해져 있는 일반 영화관과는 달리 편한 장소에서 보고 싶은 영화를 언제든 마음껏 즐길 수 있는 영화관을 말한다. 언뜻 비디오방과 유사해 보이지만 우리가 생각하는 어둡고 좁은 비디오방과는 전혀 다르다. 호텔로 치면 스위트룸 같은 고급스러운 느낌을 준다. 또 개인 영화관에서는 중국 정부의 규제로 인해 스크린에 오르지 못한 영화를 볼 수 있어 영화에 대한 욕구를 충족시킬 수 있다. 2016년 중국에서 촬영된 중국 영화 772건 중 극장에서 상영된 영화는 376건에 불과하다. 절반이 넘는 영화가 빛을 보지 못한 것이다. 2015년의 경우 전 세계에서 제작된 4400편 이상의 영화 중 중국에서 상영된 영화는 385편밖에 되지 않는다.

개인 영화관은 앞으로 수요에 비해 공급이 부족한 3, 4선 도시에서도 활성화될 것으로 보인다. 개인 영화관은 일반 영화관에 비해 투자회수기간이 짧다는 점이 강점이다. 평균 1년 정도의 투자회수기간과 높은 순이익률은 30개월 이상이 걸리는 일반 극장의 투자회수기간에 비하면 큰 메리트다. 중국 정부는 2017년 3월 '쓰런잉위안(私人影院)'이라고 불리던 개인 영화관의 명칭을 '뎬보잉위안(点播影院)'이라고 개명했다. 그해 4월에는 개인 영화관에 대한 세부적인 운영 기준을 마련하는 등 제도적으로도 지원하고 있다.

중국의 빅데이터센터 잉샹왕(赢商網)에 따르면, 면적 5만 ㎡ 이상 쇼핑센터의 문화 창업 브랜드 입점 비율이 2014년 0.3%에서 2016년 1%로 3년간 3배 성장했다. 싱글족들의 감성을 충족시켜 줄 다양한 창업이 그만큼 많아졌다는 의미다. 싱글족들의 사랑을 받고 있는 곳 중 하나가 DIY(Do It Yourself) 갤러리의 문화 창업 브랜드인 페인팅타워(Painting Tower)다. 2015년에 창립된 이 브랜드는 간단한 음료를 마시며 그림을 그리거나 붓글씨를 쓸 수 있는 공간을 제공한다. 그림의 경우, 난이도를 1~4단계로 세분화할 수 있어 초보자도 어렵지 않게 그림을 완성할 수 있다. 가격은 종이의 크기에 따라 다르며, 소형은 138위안(약 2만 3000원), 중형은 188위안, 대형은 238위안 정도다. 그림 그리는 시간에 제한은 없지만, 일반적으로 3시간이면 그림을 완성할 수 있다. 페인팅타워의 주 고객층은 20~30대의 싱글 여성으로 그림 그리기를 통해 자신감과 성취감을 느낀다고 한다. 점포의 면적은 보통 120~300㎡ 정도이며, 고객 1인당 평균 소비액은 100~230위안이다. 페인팅타워는 현재 베이징, 청두, 충칭 등에 7개 점포를 두고 있으며, 미국 LA 몬터레이 공원에 해외 지점 설립을 준비 중이다.

1인 가구를 위한 24시간 복합 체험관 셔터라이프(Shuter Life)도 싱글족에게 큰 인기를 얻고 있다. 2014년 창립한 셔터라이프는 '도시 전체를 위해 불을 켜라'를 모토로 내세우고 있다. 셔터라이프가 싱글족에게 인기를 끄는 이유는 친구나 가족을 부르기 힘든 새벽 시간에 기분 전환을 위해 큰 부담 없이 찾아갈 수 있는 공간이기 때문이다. 셔터라이프는 24시간 운영되며 다양한 서비스를 제공한다. 공간은 크게 제품 판매, 공공장소, 이벤트 공간 세 곳으로 분류된다. 제품을 판매하는 공간에서는 독창적인 생활용품과 스트레스 해소용 완구, 예술품, 가구 등을 판매한다. 공공장소에서는 커피를 마시거나 책을 읽으며 휴식할 수 있고, 이벤트 공간에서는 공방 체험을 비롯한 강좌와 포럼, 영화 품평회 등이 열린다. 소규모 영화관과 24시간 캡슐 호텔까지 갖추고 있다. 고객 1인당 평균 구매가는 100~200위안 정도다.

온라인과 오프라인을 이어 주는 O2O 서비스도 싱글족 증가에 힘입어 무섭게 성장하고 있다. 중국의 시장조사기관 이관즈쿠는 2017년 상반기 중국의 O2O 서비스 시장 규모가 4431억 위안(약 74조 원)을 기록했다고 밝혔다. O2O 서비스 중에서도 독보적인 성장세를 보이는 분야는 배달 음식 서비스다. 음력설인 춘제(春節)가 다가오면 애인 대여 사이트의 이용자 수가 폭증하는 진풍경이 벌어지기도 한다. 싱글족들이 부모님께 소개시킬 애인을 구해야 하기 때문이다. 중국 문화에서는 명절에 혼자 부모님을 뵈러 가는 것이 도리가 아니라고 생각한다. 애인 대여 사이트의 이용 금액은 하루에 500~2000위안 정도다. 기존 기업들도 싱글족에게로 빠르게 눈을 돌리고 있다. 가전업체들은 소용량의 전기밥솥을 생산하고 있고, 장신구업체들은 미혼 커플에게 합리적인 가격대의 액세서리를 제공하고 있다.

싱글족을 향한 산업이 빠르게 확산되고 있는 이유는 싱글족이 자식을 부양해야 하는 부담이 없고 가처분소득이 높아 주체적인 소비를 지향하기 때문이다. 싱글족의 특징은 '좋아하면 산다'는 것이다. 이런 성향으로 인해 패션, 음식, 소형 전자제품, 화장품, 액세서리, 미용(헤어나 네일아트 등), 애완동물용품, 여가 활동에 돈을 아끼지 않는다. 소비 패턴에 큰 영향력을 행사하고 있는 2억 명의 싱글족들은 이제 중국의 산업 지형까지 바꾸고 있다.

점차 확산되는 중국의 싱글족 신드롬

싱글족 2억 명, 중국 인구 7명 중 1명이 싱글족이다. 이 정도면 브라질 인구와 맞먹는 수준이다. 500만 명으로 추산되는 우리나라 싱글족의 40배에 달한다. 중국은 어떻게 싱글 대국이 되었을까. 가장 큰 원인은 가치관 변화다. 중국 경제가 급속도로 발전하면서 젊은 세대의 가치관이 다변화된 데다 소득과 교육 수준이 높아지면서 결혼이 필수가 아닌 선택으로 여겨진다. 비(非)혼족이 많아진 이유다. 현재 중국에 싱글 소비자들이 많이 거주하는 지역은 산업이 발달하고 경제활동이 활발한 1, 2선 도시들이다. 그중에서도 싱글족들은 중국의 실리콘밸리로 불리는 선전에 가장 많이 거주하고 있으며 베이징, 광저우, 상하이, 청두, 항저우, 쑤저우 순으로 많다. 중국 현대 여성의 독립성 강화도 미혼 인구의 지속적인 증가 이유로 꼽힌다. 실제로 2016년 실시된 한 조사에서 36.8%의 중국 미혼 여성이 '결혼하지 않아도 충분히 행복하다'고 답했다. 여성 3명 중 1명은 앞으로도 결혼을 하지 않을 가능성이 높다는 의미다.

중요한 건 싱글족 숫자가 가파르게 증가하고 있다는 사실이다. 1990년에 인구 대비 6% 수준이던 싱글족 비율은 2016년 인구 대비 14%로 비율이 2.5배나 늘었다. 전문가들은 이런 추세가 심화될 것으로 보고 있다. 중국 젊은이들의 가치관 변화와 경제 수준 향상 그리고 독립성 강화 이렇게 3박자가 어우러지면서 싱글족을 양산하는 메커니즘이 형성되고 있기 때문이다.

중국의 저명한 사회학자인 리인허(李銀河) 중국사회과학원 교수는 이에 대해 "과거에는 여성이 집에서 남편을 보필하고 자식을 양육하는 것을 전통으로 여긴 데다 수입이 없는 여성은 자연스럽게 결혼과 동시에 남편의 구속을 받을 수밖에 없었다"며 "하지만 현대 여성은 경제적 능력을 갖춘 데다 가치관의 변화로 결혼을 필수로 여기지 않고 있어 큰 제약 없이 싱글 생활을 선택하는 것"이라고 분석했다. 중국 정부는 물론 각종 매체들과 전문가들도 이 같은 '솔로 광풍'이 가져올 부작용에 대해 깊은 우려를 나타내고 있다. 출산율 저하와 이로 인한 생산가능인구의 감소로 인해 멀지 않은 미래에 중국의 경제 성장을 약화시키는 악재로 부상할 수 있기 때문이다.

혼자 사는 데 익숙해지면서 초혼 연령도 높아지고 있다. 상하이의 경우 여성의 초혼 연령이 2011년 27세에서 2016년 30세로 불과 6년 만에 3세나 높아졌다. 감정 없는 결혼을 받아들이지 않는 풍조 확산도 초혼 연량이 높아지는 이유다. 싱글족들은 텔레비전에 나오는 스타들의 싱글 라이프를 통해 대리 만족을 느낀다. 가족을 우선시하던 전통적인 결혼관도 개인의 행복 추구에 밀려 후순위가 됐다. 자유롭고 여유로운 삶을 추구하는 싱글족은 이미 중국의 노총각, 노처녀 들의 뉴노멀(New Normal, 시대 변화에 따라 새롭게 부상하는 기준이나 새로운 표준)이 되고 있다.

제 4 부

대한민국 중국통을 소개합니다

제1장

이세기 한중친선협회 회장

　근래 들어 한국에는 중국 전문가와 중국통이 많다. 중국에서 석·박사 학위를 취득한 사람도 여럿이다. 하지만 '대한민국의 대표 중국통은 누구일까?'라는 질문에 대부분의 중국 전문가들은 이세기 한중친선협회장을 꼽는다. 이세기 한중친선협회장은 중국통들이 말하는 원조 중국통이다. 이세기 회장은 국토통일원 장관, 체육부 장관, 4선 국회의원을 지낸 후 2002년 한중친선협회를 설립해 활발한 민간외교 활동을 하고 있다. 필자는 여러 번 이세기 회장을 모실 기회가 있었다. 그때마다 생생한 한중 교류에 대한 비하인드스토리를 들을 수 있었다. 매우 귀한 시간들이었다.

이세기 회장은 장쩌민, 후진타오, 시진핑, 리커창 등 중국의 최고 지도자들과 친구 관계를 맺고 한중 양국 교류의 최전선에서 그동안 누구도 할수 없었던 큰일을 해내고 있다. 실제로 1992년 한중수교 전부터 이세기 회장은 중국 고위 관료들과 교류하고 있었고, 한중수교에서도 중요한 역할을 한 것으로 알려져 있다.

이세기 회장은 2007년 당시 저장성 서기였던 시진핑 국가주석을 만났다. 제주도 서복공원을 방문했을 때 이세기 회장이 그를 안내했다. 그 후 시진핑 주석과 수차례 만나며 친분을 쌓기 시작했다. 서복공원은 이세기 회장의 지속적이고 끈질긴 노력으로 만들어진 곳이기도 하다. 여기서 서복(徐福)은 진시황의 명으로 불로초를 구하기 위해 제주도를 오간 인물의 이름이다. 그리고 이를 기념하기 위해 이세기 회장의 추진으로 설립된 공원이 바로 서복공원이다.

이세기 회장이 이끌고 있는 한중친선협회는 매년 중국 칭다오시에서 '심장병 어린이 돕기' 자선 음악회를 개최하고 있다. 이를 통해 지금까지 130여 명의 중국 어린이에게 새로운 생명을 선물했다. 이세기 회장은 말한다. "중국에는 친구 사이의 두터운 정을 가리키는 '금란지교(金蘭之交)'라는 말이 있다. 『주역』(유교의 경전 중 하나)에 나오는 이 말은 한국에서도 널리 쓰이고 있는 바, 한중 양국이 금란지교, 즉 선린·우방의 관계로 발전하게 되기를 바란다."

158

제2장

구천서 한중경제협회 회장

"한중 양국 간 무역 증진, 산업 교류 등 민간 경제협력을 위해 최선을 다하겠습니다." 구천서 한중경제협회장은 경제협력 교류에 많은 관심을 기울인다면 한중 양국이 동반 성장하는 데 큰 힘이 될 것이라며 이같이 밝혔다.

구 회장은 "한국과 중국 두 나라가 앞으로 FTA를 활성화시키고 나아가 동아시아 경제의 밝은 장래와 번영을 이루는 데 한중경제협회가 큰 역할을 할 수 있을 것이라 생각한다"고

말했다. 그는 이어 "세계경제 질서의 재편 움직임은 동아시아가 글로벌 경제의 중심축으로 떠오르는 발판을 마련함과 동시에 한국과 중국이 경제적 주체로서 입지를 강화하는 계기가 되고 있다"며 "이러한 시대적 요구에 부응하여 사단법인 한중경제협회는 민간 차원의 경제·문화 교류를 활성화함으로써 양국 간 협력을 더욱 발전시키고자 설립된 경제 단체"라고 소개했다.

구 회장은 "국제사회에서 경제협력은 물론 정치, 사회, 문화 등 다양한 분야에서 긴밀한 상호 협력을 필요로 하고 있다. 한중 양국 간 경제협력 역시 지난 10여 년간 비약적으로 발전해 왔으며 끊임없이 협동 영역을 확대하고 있다"며 한중경제협회에서는 앞으로 한중 간 경제 교류가 미래지향적, 호혜적 협력 관계로 발전하기 위해 최선을 다할 것"이라고 강조했다.

한중경제협회는 한중 경제 교류 증진과 협력의 저변 확대 및 산업 발전 그리고 우의 증진을 위해 1999년 설립된 단체로 중국과의 경제 교류 활동에 앞장서고 있다. 한중경제협회의 주요 사업으로는 중국 진출 지원 서비스, 한중 경영인들의 교류 활성화, 조사·연구 사업, 정책 개선 사업, 정보 관리 및 출판 사업, 교육 사업 등이 있다.

제3장

강성재 아시아문화경제진흥원 회장

　한중 양국 교류를 넘어 한중일의 3국 교류를 이끌고 있는 강성재 아시아문화경제진흥원 회장은 중국통이기에 앞서 한국에서는 일본통으로 더 유명하다. 일본과 관련된 책도 다수 발간했다. 또 그는 부산아시안게임 홍보위원, 영암군 왕인문화홍보대사, 광주비엔날레 해외홍보대사, 여수엑스포 홍보위원, 순천만국제정원박람회 홍보대사, 전라남도 홍보대사 등으로 활동하며, 한국의 다양한 문화관광 자원을 중국과 일본 등 아시아에 전파해 왔다.

강 회장은 평소 '문화는 힘'이라는 김구 선생의 가르침을 중요하게 여긴다. 그리고 문화를 활용한 다양한 교류·협력을 추진하고 중소기업수출매칭상담회, 경제 및 사회단체 교류, 지방자치단체 자매결연, 청소년 교류 등 매년 200여 건 이상의 크고 작은 사업들을 전개해 나가고 있다. 특히 한류를 주도하고 있는 연예인들의 공연 기획과 한류 관광객 유치에 필요한 마케팅을 진행하고 있다. 또 각종 스포츠와 레저 관련 교류 및 기업 연계를 통해 상호 교류가 확대될 수 있도록 중간 다리 역할을 톡톡히 해내고 있다.

얼마 전에는 중국 상하이시와 함께 한중일 온천관광축제를 기획했고 광저우 한중경제문화발전협회 출범, 시안 신실크로드전시회 참가 등 경제, 문화, 교육 등 다방면에서 한중 양국 간 교류를 이끌어 가고 있다. 강성재 회장은 또한 한국의 훌륭한 중소기업 제품들이 중국 시장에 진입하지 못하고 있는 게 현실이라며 한국무역협회, 코트라, 대한상공회의소 등의 기관들과 힘을 모아 한국 기업이 거대한 중국 내륙시장에 안착할 수 있도록 적극 협력해 나갈 계획이다. 그는 "아시아문화경제진흥원이 한국의 훌륭한 문화관광 자원을 중국과 일본 등 아시아를 넘어 전 세계에 전할 수 있도록 다양한 프로그램을 만들어 나갈 것"이라며 "특히 미래 인재 양성을 위해 한중 청소년 교류를 더 강화하고 기업 교류에도 힘을 쏟을 것"이라고 밝혔다.

제 5 부

중국은 지금…그 두 번째

중국의 환경오염과 소비 변화

환경 문제는 지금 중국에서 가장 중요한 문제 중 하나로 부각되고 있다. 아니, 오래전부터 중국은 이 문제를 해결하기 위해 머리를 맞대고 있었다. 중국은 현재 대기오염, 수질오염, 토양오염의 3중고를 겪고 있다. 대기오염에 따른 조기 사망자 수만 연간 1만 명에 이르는 것으로 추정된다. 중국이 환경오염과 전쟁을 벌이는 가운데 소비에도 패러다임의 변화가 일고 있다. 항(抗)오염 제품의 판매량이 급증하는 등 친환경 소비에 대한 관심이 급증하고 있는 것이다.

소비 패러다임의 변화는 교통과 뷰티, 식품 등 전방위에서 일어나고 있다. 친환경 자동차와 전동 자전거가 환경오염의 주범인 자동차와 오토바이를 빠른 속도로 대체하고 있다. 전동 자전거 공유 서비스도 등장했다. 청정 지역의 공기를 담은 산소캔이 생산되고 있고, 공기정화 식물도 큰 인기를 얻고 있다. 또 미세먼지와 스모그로 인한 피부병을 예방하고 치유하는 기능성 화장품 시장도 급성장하고 있다. 유기농 식품의 증가로 관련 인 터넷 사이트와 유기농 음식점들까지 속속 등장하고 있다. 천연 및 무독성 제품 선호 경향에 힘입어 소비자가 직접 천연 화장품을 만드는 DIY(Do It Yourself)족도 늘고 있다.

중국 소비자들의 이 같은 소비 변화는 단기간에 이뤄진 중국 경제의 폭 발적 성장에 따른 심각한 환경오염 문제가 일상생활에 큰 영향을 미치고 있기 때문이다. 예를 들어 대기오염이 심한 경우 사람들은 두문불출하며 전화로 음식을 배달시켜 먹고 인터넷으로 필요한 물품을 구매하는 '달팽 이족'이 된다. 항오염·친환경 소비로 패러다임이 급격히 변화하는 배경 에는 삶의 질에 대한 관심이 크게 높아진 원인도 있다. 국민소득이 그만큼 높아졌다는 이야기다. 실제로 중국과 신흥국가의 거시 경제 및 산업 데이 터를 제공하는 CEIC에 따르면 최근 6년(2010~2016년)간 중국의 1인당 국내총생산(GDP)은 78.2% 증가했다. 즉 소비 트렌드가 항오염·친환경 으로 변화하고 있는 것은 환경오염 심화와 중산층의 소비력 확대가 맞물 려 있기 때문이다. 현재 중국 정부가 2021년을 목표로 강력히 추진하고 있 는 샤오캉 사회 건설이 완료되면 항오염·친환경·고품질을 추구하는 소 비 추세는 더 확산될 것으로 보인다.

중국은 이미 본격적인 뉴노멀 시대에 진입했다. 고도성장기를 지나 새 로운 상태인 안정 성장 단계를 맞이하고 있다. 그리고 기존에 투자 및 제 조업 중심이던 구조를 소비와 서비스 중심의 경제 구조로 전환 중에 있다. 한국무역협회가 2017년 4월 중국을 포함해 미국, 일본, 독일 등 4개국 소 비자를 대상으로 설문조사를 실시한 결과, 중국 소비자의 98.5%가 친환 경 제품에 관심을 보인 것으로 나타났다. 또 82%가 실제로 친환경 제품을 구매한 경험이 있는 것으로 분석됐다. 환경오염은 중국의 소비 트렌드에 큰 변화를 몰고 왔다. 그리고 그 변화의 물결은 점점 거세지고 있다.

환경오염 대국 중국의
스모그 경제

　환경오염이 중국인들의 소비 트렌드를 '항오염'으로 변화시키고 있다. 항오염 소비는 소비자가 환경오염 피해를 막기 위해 제품 구매 과정에서부터 안전성과 친환경적 요소를 고려하는 것을 말한다. 항오염 소비는 크게 두 가지 범주로 나뉜다. 하나는 공기청정기, 마스크, 스모그 예방 화장품과 식품 등 소비재 상품을 말하고, 다른 하나는 O2O 서비스, 스모그 탈출 여행 등의 서비스 상품을 말한다. 시진핑 국가주석이 환경오염 개선을 집권 2기 핵심 정책의 하나로 채택하며 강력하게 단속하고 있지만 목표에 도달하기까지는 적지 않은 시간이 필요할 것으로 보인다. 이에 따라 소비자들은 자구책의 일환으로 항오염 소비를 추구하고 있다. 이제 항오염 소비 트렌드는 거스를 수 없는 대세가 됐다.

　'스모그 경제'라는 표현까지 생겼다. 스모그 문제가 날로 심각해지면서 철강 등 대기오염 유발 산업을 규제하고 스모그 방지 제품의 판매량이 급증하면서 나타난 경제 현상을 의미한다. 《중국청년보》가 최근 2000명을 대상으로 실시한 설문조사 결과에 따르면 '별일 없으면 스모그 때문에 아예 외출하지 않는다'는 응답자가 52.6%로 나타나 대기오염에 대한 일반인들의 심각한 우려를 알 수 있다. 응답자 중 40.6%는 '집에 공기청정기가 있다'고, 39.8%는 '구매 계획 중'이라고 답했으며 '구매할 생각이 없다'는 응답자는 19.5%에 그쳤다. 스모그 대책으로 '외출 시 마스크를 착용한다'는 응답이 71.1%였고 '마스크를 착용하지 않는다'는 응답은 28.9%였다. 공기청정기와 마스크는 이제 생활필수품이 됐다. 실제로 공기청정기 판매량은 스모그가 심해지면 급증한다. 현지 가전시장조사기관 중이캉(中怡康)에 따르면 중국의 공기청정기 판매량은 2013년 376만 대에서 최근 574만 대로 52.6% 늘었으며, 매출액은 2013년 88억 위안에서부터 최근 141억 위안으로 60.2%가 늘었다.

중국 소비자들은 필립스, 블루에어 등 외국산 공기청정기를 선호한다. 하지만 최근에는 중국 토종 브랜드의 시장점유율도 상승세를 보이고 있다. 징둥닷컴에 따르면 토종 브랜드 시장점유율은 온·오프라인에서 각각 50%, 40%에 이를 것으로 전망된다. 가정용 공기청정기뿐만 아니라 차량용 공기청정기도 스모그 경제의 수혜 품목으로 부상하고 있다. 마스크도 공기청정기처럼 스모그가 심할수록 더 각광받는다. '알리건강보고서'에 따르면 스모그 레드(최고) 경보일 때 마스크 판매량이 맑은 날의 판매량보다 9.3배 높은 것으로 나타났다. 이는 오렌지(중간) 경보 기간 판매량의 3배가 넘는 수치이기도 하다.

중국방직산업협회 통계에 따르면 중국 내 마스크 수요량은 연간 8억 개에 달한다. 대기오염 악화로 아동 호흡기 질환이 급증하면서 아동용 방진마스크도 불티나게 팔리고 있다. 안전성과 기능성을 갖춘 마스크팩 시장도 연간 30% 이상 커지고 있으며, 자외선차단제는 피부 관리의 첫걸음으로 인식되며 필수 화장품으로 각광받고 있다. 항(抗)스모그 화장품도 큰 인기를 끌고 있다. 스모그로부터 피부를 보호하고 싶은 욕구를 제대로 저격하고 있기 때문이다. 일본의 화장품 브랜드 이하다(IHADA)에서 출시한 '항 PM 2.5 미스트'가 대표적인 예다.

스모그는 중국인의 식품 소비에까지 영향을 미치고 있다. 기관지 질환과 기침 등에 좋은 식품을 찾는 소비자들이 늘고 있다. 중국《매일경제신문》은 폐 건강과 기관지에 좋은 추리가오(秋梨膏, 배로 만든 음식), 은이(銀耳)버섯, 반대해(胖大海) 등의 식품 판매량이 크게 증가했다고 보도했다. 프리미엄 생수 시장도 전성시대를 맞고 있다. 건강과 위생에 대한 염려로 소비자들이 프리미엄 생수를 찾고 있는 것이다.

항오염 소비로의 변화는 공기청정기와 마스크, 화장품, 식품 등 소비재에만 국한되지 않는다. 서비스 분야로도 확산되고 있다. 대표적인 것이 관광과 O2O 서비스 분야다. 관광 분야의 특징은 베이징처럼 오염이 심한 도시로부터의 탈출이다. 실제로 중국의 온라인 여행사 씨트립(Ctrip)이 베이징 시민을 위해 선보인 '스모그에서 탈출'이라는 패키지여행 상품은 지속적인 성장세를 보이고 있다. 지난 겨울에는 관광 비수기에도 불구하고 매출이 20% 증가하기도 했다. 중국의 관광정책기구인 국가여유국은 스모그 피해가 심한 지역 사람들이 공기가 맑은 지역을 찾아 대거 이동하는 경향을 보이고 있다고 발표하기도 했다. O2O 서비스업도 스모그 경제의 수혜 분야다. 공기가 안 좋으면 사람들이 외출을 꺼리면서 배달 음식 주문량이 급증한다. 중국의 음식 배달 앱 1위 업체인 어러머(餓了麽)에 따르면 스모그 오렌지 경보 또는 레드 경보일 때 주문량이 30% 가까이 늘어난다.

중국은 신에너지 자동차 분야 생산량과 판매량에서 모두 세계 1위 국가다. 2017년에는 9년 연속 세계 1위를 차지했다. 2017년의 경우 신에너지 자동차 생산량은 2811만 9000대, 판매량은 2802만 8000대로 전년 대비 각각 14.5%, 13.7% 성장했다. 전기 오토바이와 전기 자전거도 큰 인기를 얻고 있다. 환경오염의 심각성에 대한 의식이 높아진 데다 공유 경제의 영향 때문이다. 2016년 보유량은 약 2억 8000만 대로, 중국 총 인구의 20% 정도가 전기 오토바이나 전기 자전거를 소유하고 있다. 중국의 전기 오토바이 소비량은 전 세계 90%를 차지한다. 노인 인구와 자전거 출근족의 증가로 사용 연령층이 확대되는 추세다. 이 밖에도 산소를 담은 산소캔과 공기정화 식물, 천연 화장품 DIY 등 많은 분야에서 뚜렷한 항오염 소비 트렌드가 나타나고 있다. 항오염·친환경 소비 문화는 이제 도도히 흐르는 대하(大河)가 됐다.

제2장

한중 화장품 기업들의 공격 경영

　　중국의 마스크팩 브랜드 위니팡(禦泥坊)의 모기업 위자후이(禦家匯)유한책임공사가 주식 상장에 재도전하며 현지 마스크팩 시장에서 1인자 자리 굳히기에 나섰다. 중국 증권감독관리위원회(증감회)에 따르면 위자후이는 최근 기업공개(IPO) 투자 설명서를 제출하고, 총 자본금의 25% 규모인 4000만 주를 중국의 나스닥인 창업판(創業板)에 공개 발행할 계획이라고 밝혔다. 이는 2017년 4월 첫 IPO 실패 이후 약 7개월 만에 다시 문을 두드린 것으로, 투자 자금 확보를 통해 중국 시장에서의 영향력을 강화한다는 목표를 세운 것으로 보인다. 지난 2012년 설립된 위자후이는 마스크팩, 수분크림 등 스킨케어 제품을 주로 제조·판매하고 있지만, 대부분의 수익을 마스크팩 판매에서 얻고 있다. 위자후이는 자체 개발한 전자상거래 시스템으로 하루 100만 건의 주문을 처리해 중국의 대표 온라인 화장품 기업으로도 불린다. 산하 브랜드로는 위니팡 이외에 스이자(師夷家),

웨이펑(薇風) 샤오미후(小迷糊), 화야오화(花瑤花) 등이 있다.

업계는 위자후이가 주식 상장에 재도전한 배경에는 안정적인 성장세가 자리 잡고 있다고 분석했다. 앞서 자본시장 전문가들은 위자후이가 온라인 유통 플랫폼에 과도하게 의존하고 연구개발(R&D)보다 고가의 마케팅에만 치중한 것을 첫 IPO 실패의 원인으로 지적했다. 이런 충고를 의식한 듯 위자후이는 이번 IPO로 확보될 자금을 총 8억 5800만 위안으로 추산하고 제품 R&D, 유통 채널 업그레이드 등에 사용하겠다는 계획을 내놨다. 조달된 자금은 브랜드 설립 및 확대 사업(4억 6500억 위안), 유동자금 보충(2억 위안), 제품 R&D 및 품질관리센터 설립(1억 731만 위안), 정보화 및 모바일 온라인몰 개선(8540만 위안) 등에 쓰일 예정이다.

업계 관계자는 "위자후이의 R&D 시스템이 갈수록 개선되고 있다"고 진단했다. 그는 "위자후이가 기초 제품 R&D, 포장재 실험 등 90여종의 전문 R&D그룹을 보유하게 됐다"며 "R&D 투자를 적극적으로 추진해 저품질 등의 문제 해소에 집중할 것으로 보인다"고 전망했다. 실제로 위자후이는 여러 종류의 스킨케어 제품 배합과 독자적인 성분에 대한 연구 결과를 내놓기도 했다. 2016년에는 한국의 화장품 R&D 및 제조 전문 업체인 코스온과 합자 법인을 설립하는 계약을 체결하기도 했다. 당시 양사는 합자 법인 설립을 통해 각각 안정적인 매출처와 공급원을 확보하고 제품군 확대 계획을 발표한 바 있다.

한편 위자후이의 재도전과 최근 중국의 10대 화장품업체 중 하나인 프로야(珀萊雅)의 IPO 성공으로 중국 화장품 브랜드의 영향력이 커졌다는 진단이 나오고 있다. 중국의 화장품산업 전문 매체 핀관왕(品觀網)은 "과거 중국 화장품 시장은 해외 브랜드에 의해 좌지우지됐지만, 최근엔 현지 브랜드의 영향력이 커지면서 이들의 자본시장 진출도 가속화하고 있다"고 설명했다. 프로야는 상하이증권거래소 진입에도 성공했다. 확보된 자금으로는 브랜드 이미지 향상은 물론 제품 생산 효율 및 기술 수준 제고, 경영 규모 확대, 재무 상황 안정을 도모할 계획이다. 프로야 관계자는 "전문 판매점, 쇼핑센터, 슈퍼 등 유통 채널 개선을 통해 오프라인에서의 입지를 더욱 견고히 하고 온라인 채널 투자도 적극 추진해 균형적인 마케팅 네트워크 발전을 이뤄낼 것"이라고 강조했다. 아울러 "A주 입성을 발판 삼아 중국 화장품산업 발전의 역사적 기회를 잡을 것"이라며 "끊임없는 기술 혁신과 제품의 우수성, 마케팅 혁신을 추진해 경쟁력 있는 현지의 우수 화장품 기업으로 거듭나기를 기대한다"고 부연했다.

현재 중국 A주에 상장된 순수 화장품 기업은 손에 꼽힐 정도로 극소수다. 높은 자본 부채율, 고가의 마케팅, 기술 부족 등이 걸림돌로 작용했기 때문이다. 하지만 최근에는 중국 화장품 시장의 규모가 커지고 수준 또한 향상되면서 관련 업계에 대한 자본시장의 신뢰도가 점점 높아지고 있다. 판관왕은 "이런 분위기는 위자후이에 호재가 될 수도 있다"며 "중국의 대표 마스크팩 기업이 자본시장에 들어선다면 마스크팩 시장 발전의 촉매제로 작용할 수도 있다"며 기대감을 높였다.

한국 마스크팩,
중국 시장 1위 노린다

중국의 대표 마스크팩 브랜드가 시장 공략 키워드로 '자본'을 내세운 반면, 한국의 마스크팩 강자가 선택한 것은 '짝퉁 근절'을 위한 유통망 재정비다. 마스크팩 단일 품목으로 누적 판매량 10억 장 이상을 기록하며 한국은 물론 아시아 대표 마스크팩 브랜드로 거듭난 메디힐은 최근에 유통 품목을 추가하는 등 중국 시장 전략을 더욱 공격적으로 전환했다. 메디힐의 모기업 엘앤피(L&P)코스메틱은 당초 코스닥 상장을 준비했으나 사드 여파로 상장 계획을 연기한 바 있다.

중국의 현지 언론《베이징상바오(北京商報)》는 "한국의 최대 마스크팩 브랜드 메디힐이 제품 카테고리 확장 등 유통망 재정비를 통해 중국 화장품 시장을 공략하고, 시장 확장을 위한 현지화 생산도 구상하고 있다"고 보도했다. 아울러 "오는 2025년까지 '글로벌 톱10' 브랜드로 도약하고자 소비자 맞춤형 제품 개발에도 힘쓰고 있다"고 덧붙였다. 보도에 따르면 메디힐은 기존 마스크팩 제품 외에도 기초 스킨케어, 바디케어, 클렌징, 선케어 등 4개의 제품 카테고리를 유통 제품 목록에 추가해 총 15개 상품을 순차적으로 시장에 출시할 예정이다.

메디힐은 중국 마스크팩 시장 확대와 함께 성장한 대표적인 업체로 현지 소비자에게도 매우 익숙한 브랜드다. 2009년 4월 엘앤피코스메틱은 한국 최고의 피부 전문가 10여 명과 함께 '클리니에'라는 이름의 마스크팩을 개발하면서 마스크팩 시장에 진입했다. 이후 2012년에 마스크팩 이름을 '메디힐'로 변경하고, 해외 직구 등의 유통 경로를 통해 중국 소비자에게 이름을 알렸다.

중국의 일용소비재 산업 전문가 류마오란(劉茂然)은 "한국 화장품이 중국 내 인기가 높은 것은 산하 제품을 분야별 대표 브랜드로 만들어 소비자에게 강한 인상을 남기는 '단일 브랜드 전략' 때문"이라며 "메디힐이 중국 시장에서 성공한 것도 같은 맥락"이라고 분석했다. 그러나 메디힐이 중국 시장에 진입하기 위해 현지에서 여러 유통 채널을 이용한 것은 짝퉁 문제를 일으키는 오점으로 남았다고 지적했다. 중국에서 유통한 메디힐 제품 라벨에 서로 다른 현지 유통업체를 수입 대행사로 표기한 것이 화근이 됐다는 것이다. 즉 소비자가 파악하기 힘들 정도로 수입 대행업체의 수가 많아 가짜 수입업체의 제품이 정품으로 인식돼 짝퉁이 기승을 부렸다.

사태의 심각성을 인지한 엘앤피코스메틱은 지난 2015년에 중국 소비자를 위한 메디힐 중문 홈페이지를 개설하고, 모든 제품을 한국 본사에서 직접 중국에 보내는 시스템을 도입했다. 그럼에도 불구하고 짝퉁 문제는 개선되지 않았고, 가짜 제품의 판매량이 많아질수록 메디힐의 중국 시장점유율은 하락세를 보였다. 이에 따라 메디힐은 제품군 확장과 함께 통관 일체화, 라벨 일체화, 신규 상표 수권서(授權書), 압인(壓印) 마스크팩, 가격 폭리 방지 QR코드 등 다섯 가지 해결 방안을 내놨다. 특히 압인 마스크팩은 기술 개발을 통해 정품 마스크팩 품질을 강화한다는 전략의 일환으로 권오섭 엘앤피코스메틱 회장이 짝퉁 근절 방안으로 제시한 아이디어이기도 하다. 이를 위해 일본 아사히카세이(Asahi Kasei)와 협력하기로 했다. 메디힐 관계자는 "마스크팩에 압인을 새기기 위해선 일정 규모의 수량이 필요하고, 시설 투자 비용이 상당하기 때문에 쉽게 모방할 수 없는 구조"라며 "중국 시장에서 유통되는 제품부터 순차적으로 압인 마스크로 교체될 것"이라고 설명했다.

2017년 8월에는 메디힐 서울 본사에서 열린 '중국 스마트 대리상' 전략회의에 참석한 중국 29개 성(省)의 현지 바이어 72명과 협력 계약이 체결되기도 했다. 메디힐은 직접 선정한 현지 바이어 72명과 함께 유통망 입점부터 마케팅까지 지역에 맞는 토착 유통 전략을 세웠다. 이는 현지 유통 채널을 하나로 통일해 짝퉁과 다이궁(代工, 보따리상) 문제를 해결하겠다는 방침에서 비롯됐다. 메디힐은 유통 분야에서 자리매김한 뒤 전속 매장을 통해 오프라인 유통 조직을 장악한다는 구상을 하고 있다. 이를 위해 엘앤피코스메틱의 상하이 법인을 중심으로 중국에 오프라인 매장 개점을 추진할 예정이다.

제3장

키워드를 통해 알아보는 '일대일로'

'일대일로(一帶一路)'라는 말이 처음 나온 건 2013년 가을이다. 시진핑 중국 국가주석이 카자흐스탄과 인도네시아 순방길에서 실크로드 경제 벨트와 21세기 해상 실크로드를 공동 건설하자고 제안하면서부터 알려지기 시작했다. 이후 시진핑 주석은 국빈 방문이나 정상회의 등 기회가 있을 때마다 일대일로를 소개하며 목청을 높였다. 일대일로는 한마디로 육·해상 신(新)실크로드를 의미한다. 중앙아시아와 유럽을 잇는 육상 실크로드 경제 벨트(One belt), 중국과 동남아시아와 유럽 그리고 아프리카를 잇는 해상 실크로드(One road)를 통해 중국을 중심으로 거대 경제권을 건설하겠다는 구상이다. 그 구상을 세계에 제대로 알린 것이 2017년 5월 베이징에서 개최된 '일대일로 국제 협력 정상포럼'이다. 포럼은 29개국 정상과 130여 개국 70여 개 국제조직에서 참가한 1500여 명의 대표단 그리고 4500여 명의 내외신 기자단이 참가할 정도로 성황리에 치러졌다.

일대일로는 시진핑 정부가 추진하는 국가 전략의 핵심 사업이다. 중국이 혼자 돈을 많이 벌어 잘 먹고 잘 살겠다는 의미가 아니라 일대일로 사업에 참여하는 모든 당사자들이 전 세계 공동체 안에서 다양한 주제로 함께 논의하고, 건설하고, 분배해 함께 잘 먹고 잘 살자는 의도라 보면 된다. 일대일로는 그 내용이 깊고 범위도 넓기 때문에 제대로 이해하기란 결코 쉬운 일이 아니다. 그래도 키워드를 알면 큰 줄기는 잡을 수 있다. 3共(공)·5通(통)·5路(로)·4不(불)이라는 네 가지 키워드를 알면 일대일로를 좀 더 쉽게 이해할 수 있을 것이다.

3共,
조화를 추구하다

3共은 공상(共商), 공건(共建), 공향(共享)이다. '공상'은 '함께 논의한다'는 뜻이고 '공건'은 '함께 건설한다'는 의미이며 '공향'은 '함께 나눈다'는 뜻이다. 한마디로 공동운명체라는 말이다. 세계경제의 성장 동력이 약해지고 국가 간 발전이 불균형적이며 지역적 혼란이 가중되고 있는 상황을 감안하면 3共의 추진이 절실하다는 것이 시 주석의 생각이다.

시 주석은 정상포럼 기조연설을 통해 "평화 협력, 개방과 포용, 상호 학습, 호혜 공영을 핵심으로 하는 실크로드 정신은 오늘날 세계 역사에서 잉태된 다극화, 경제 세계화, 사회 정보화, 문화 다원화를 특징으로 하는 대변혁 시대의 중요한 사상적 기초"라고 말했다. 시 주석은 또한 "실크로드 정신에서 지혜를 얻어 함께 일대일로를 공상하고 공건하며 공향해야 한다"고 강조했다.

5通,
통해야 산다

5通은 정책구통(政策溝通), 시설연통(設施聯通), 무역창통(貿易暢通), 자금융통(資金融通), 민심상통(民心相通)이다.

'정책구통'은 일대일로 구상의 실현을 보장할 중요한 부분이다. 효과적인 정책 소통은 일대일로를 실현하기 위한 상호 신뢰와 협력 메커니즘을 구축하는 데 도움이 된다. 시 주석이 일대일로 구상을 제시한 후 지금까지 4년 동안 중국은 14개 연선(沿線) 국가와 국가 전략, 발전 청사진 및 계획에 대해 소통했고, 다양한 국제기구와 협력하기로 했다. 그리고 러시아, 아세안(동남아시아국가연합), 카자흐스탄, 터키, 몽골, 베트남, 폴란드, 영국 등 다수의 국가 및 지역과 발전 전략 및 종합 계획에 대해 소통했다. 또한 유엔총회, 유엔안전보장이사회, 에이펙(아시아태평양경제협력체) 등에서 채택한 결의안과 문건에는 일대일로 구상 내용이 담겼다. 이런 노력으로 일대일로 구상은 국제사회의 광범위한 공감을 얻게 됐다.

'시설연통'은 일대일로 건설의 초석이다. 일대일로 연선 국가들의 인프라가 노후하거나 부족한 상황에서는 중국이 연선 국가와 협력해 일대일로 건설을 진행하기가 힘들다. 이에 따라 중국은 중국·파키스탄 경제 회랑, 몽골·중국·러시아 3자 경제 회랑(신유라시아 대륙교) 등 국가와 지역을 초월한 인프라 연계 건설을 추진하고 있다.

'무역창통'은 일대일로 건설의 중요 내용이다. 중국은 무역 및 투자 편의화를 적극 추진하고, 각국의 무역·관세 장벽을 허물기 위해 노력함으로써 일대일로 경제협력에 유리한 비즈니스 환경을 만들어 가고 있다. 또 중국은 여러 건의 통상협력협정을 체결했으며, 다양한 경제협력 지대를 건설하고 있다. 시 주석은 포럼에서 "중국과 일대일로 연선 국가들과의 무역 왕래가 날로 활발해지고 있으며, 이는 각각의 경제 및 산업 발전을 촉진했다"고 말했다.

'자금융통'은 일대일로 건설의 견실한 버팀목이다. 중국은 다양한 개방적 금융기구와 다자간 금융기구, 시중은행과의 협력을 적극 추진하고 있다. 아시아인프라투자은행(AIIB), 실크로드기금, 신개발은행 등 새로운 형태의 다자간 금융기구와 세계은행, 국제통화기금 등 전통적 다자간 금융기구를 포함한 다차원적 금융 협력 네트워크를 구축했다. 또 일대일로 참여국들에게 융자 플랫폼을 제공해 주고 있다.

'민심상통'은 일대일로 건설의 인문적 토대다. 일대일로 건설을 위해서는 참여국 국민의 충분한 지지와 이해가 뒷받침되어야 한다. 중국이 비즈니스, 문화, 교육, 과학기술, 관광, 환경 등 다양한 영역에서 교류 활동을 추진하고 있는 이유다.

5路,
청사진으로 미래를 보다

5路는 평화의 길, 번영의 길, 개방의 길, 혁신의 길, 문명의 길을 말한다.

일대일로가 나아가야 할 5가지의 청사진이다. 시 주석은 이 청사진을 달성하기 위해서는 5개 분야에서의 협력을 강화해야 한다고 강조했다. 인프라 상호 연계, 금융협력, 경제협력, 혁신협력, 인문협력이 그것이다.

먼저 '인프라 상호 연계'는 발전을 위한 기초다. 인프라 건설을 선행함으로써 도로·에너지·통신 연계를 촉진하고 '제로 장애'의 글로벌 환경을 구현하는 것이 목표다.

'금융협력'은 발전을 위한 보장이다. 일대일로 금융협력은 넓은 의미에서의 지역 금융협력을 말한다. 아시아에서 출발해 세계로 뻗어 나가야 하고, 경계를 초월한 다차원적 금융 체계를 구축해 금융 혈맥을 뚫는 것이 목표다.

'경제협력'은 발전의 추진력이다. 통상 무역 수준을 높이고, 자유무역 지대 네트워크를 구축하며, 무역에 다양한 편의를 제공해 국가를 초월한 경제 무역의 큰 발전을 촉진하는 것이 목표다.

'혁신협력'은 발전의 엔진이다. 혁신 엔진이 작동하기 위해서는 인재의 역할이 필수적이다. 이를 위해 인재와 플랫폼, 프로젝트가 일대일로를 통해 상호 결합할 수 있는 기회를 만들어 나가고 있다. 인재들이 일대일로 위에서 자유롭게 활동할 수 있도록 돕고, 지적인 실크로드를 구축하는 것이 목표다.

마지막으로 '인문협력'은 발전의 윤활유다. 교육, 문화, 과학기술, 관광, 환경, 건강, 재난 구조, 원조, 빈곤 퇴치, 무비자 등의 분야에서 협력을 통해 인문 교류를 추진하고 문명을 융합하는 것이 목표다.

4不,
평화공존을 꿈꾸다

4不은 타국 내정에 간섭하지 않기, 사회제도 및 발전 모델 수출하지 않기, 지연(地緣)적 힘겨루기라는 낡은 길 답습하지 않기, 안정을 깨뜨리는 소그룹 형성하지 않기 등이다. 한마디로 구동존이(求同存異)를 말한다. '서로 다른 점은 인정하면서 공동의 이익을 추구한다'는 뜻이다. 중국의 이 4不 원칙은 연선 국가들의 우려를 해소해 주었다. 또 중국이 제시한 새로운 글로벌 거버넌스 방안, 즉 일대일로가 과거의 방안과 어떻게 다른지도 보여 주었다.

중국은 지금 '일대일로'라는 이름의 글로벌 교향곡을 써 내려가고 있다. 일대일로 키워드인 3共·5通·5路·4不을 이해하면 어떤 악보가 완성될지 미리 상상해 볼 수 있다. 시 주석이 일대일로와 함께 제창한 중국몽이 추구하는 바도 파악할 수 있다. 키워드는 '코끼리 다리를 만지는' 우를 범하지 않도록 도와주는 길잡이인 셈이다.

제4장

중국 재계 거물들의 클럽

　한국에는 전국경제인연합회, 대한상공회의소, 한국여성경제인협회 등 경제 관련 단체가 많다. 그리고 모임을 통해 정보를 공유하고 친목을 다지며 각 단체의 특성대로 활발한 활동을 한다. 이와 마찬가지로 중국에는 4대 재계 모임이 있다. 그중 가장 공개적인 활동을 하는 곳이 중국기업가클럽이며, 나머지 세 곳은 베일에 가려져 있다. 이번 장에서는 중국 재계 거물들의 4대 클럽을 소개해 본다.

기라성 같은 기업인들의 총집결
화샤동창회

　2013년 3월 22일 오후, 저장성 항저우의 알리바바 본사에 고급 관광버스가 도착했다. 이 버스에서 마윈 알리바바 회장, 마화텅 텐센트 회장, 리옌훙 바이두 회장, 왕젠린 완다그룹 회장, 궈광창 푸싱그룹 회장, 펑룬 완퉁그룹 회장, 구융창 유쿠투더우 회장, 류융하오 신시왕그룹 회장, 리둥성 TCL그룹 회장, 차오궈웨이 시나닷컴 회장, 장난춘 펀중미디어그룹 회장, 마밍저 평안보험 회장 등 기라성 같은 30여 명의 경제인들이 차례로 내렸다. 이들은 화샤동창회의 멤버들로, 당시 동창회 회장인 마윈을 따라 알리바바를 견학하던 중이었다. 화샤동창회의 활동은 철저히 비밀에 부쳐져 있어 당시 찍힌 사진은 인터넷에서 화제가 됐었다.

화샤동창회는 베이징의 장강비즈니스스쿨이나 상하이의 중국유럽비즈니스스쿨의 CEO 교육과정을 이수한 기업인들이 모임을 가지면서 자연스레 형성됐으며, 2005년 정식으로 설립됐다. 회원들이 돌아가면서 동창회의 회장을 맡고, 1년에 두 번씩 정기 모임을 가진다고 한다. 정기 모임 불참자는 수만 위안에 달하는 벌금을 내며, 이 벌금은 화샤자선기금을 통해 에이즈 고아를 돕는 데 사용된다. 모임에서는 각 기업 회장들의 최고급 정보들이 오간다. 완퉁그룹의 펑룬 회장은 "화샤동창회에서는 어느 방송 매체나 MBA 수업보다도 훨씬 깊이 있는 대화가 이뤄진다"고 말했다. 그러나 화샤동창회는 회의 동정이나 모임에서 주고받은 대화 등은 일절 매체에 공개하지 않는 철저한 비밀주의를 원칙으로 하고 있다.

2008년 멜라민 사건이 발생했을 때 화샤동창회가 적극적으로 나서서 유가공업체인 멍뉴를 도왔던 일은 아직까지도 회자된다. 당시 멜라민 파동으로 멍뉴가 부도 위기에 몰리자 회사 설립자인 뉴건성은 화샤동창회 멤버들에게 도움을 요청했다. 류촨즈 레노버 창업자는 곤경에 처한 회원을 도와야 한다며 곧바로 2억 위안을 지원했고, 위민훙 신둥팡 회장과 장난춘 펀중미디어 회장은 5000만 위안을 지원했다. 이 밖에도 동창회 멤버들이 멍뉴의 백기사로 나서 주가 하락을 막았다. 멍뉴는 이를 기반으로 기사회생에 성공했다.

정치·사회 대화를 나누는
태산회

1993년 중국민영과학기술실업가협회 소속의 몇몇 IT 기업인들이 산둥성에서 만나 새로운 모임을 조직하기로 뜻을 함께했다. 마침 위치가 산둥성이었기 때문에 명칭을 태산(泰山)산업연구원으로 정했다. 2005년, 연구원의 구성원을 16명으로 제한하고 매년 1명의 신입 회원을 받아들이기로 한 후에는 명칭을 태산회로 바꿨다.

현재 류촨즈 레노버 창업자가 태산회의 회장이며, IT 기업인 쓰퉁그룹의 돤융지 회장이 이사장을 맡고 있다. 마윈 알리바바 회장, 루즈창 판하이그룹 회장, 장웨 위안다그룹 회장, 궈광창 푸싱그룹 회장, 스위주 쥐런그룹 회장 등이 멤버다. 이 밖에 원로 경제학자 우징롄과 후야오방 전 공산당총서기의 아들인 후더핑이 고문을 맡고 있다. 태산회 역시 모임에서 나눈 이야기를 결코 외부에 발설하지 않으며, 어떤 때에도 외부 인사를 초청하지 않는다.

2013년 11월 태산회 설립 20주년을 기념하는 모임이 대만에서 개최됐었다. 이에 당시 대만 매체들은 "중국 최고의 갑부들이 대만에 모였다"며 "이들의 자금은 대만 정부 예산의 몇 배가 넘고 IT, 부동산, 금융 분야에서 엄청난 힘을 지니고 있다"고 소개하기도 했다. 류촨즈 회장이 당시 20주년 행사를 마치고 중국으로 돌아온 후 "모임에 결석하면 벌금은 1만 위안이지만, 다음부터는 20만 위안이다"라며 "모임에서는 기업 운영에 대한 이야기보다는 정치나 사회에 대한 이야기를 주로 나눈다"고 소개하기도 했다.

태산회는 1994년 스위주 회장이 위기에 닥쳤을 때 똘똘 뭉쳐 쥐런그룹을 살려 냈다. 당시 쥐런컴퓨터는 자사 제품에 마이크로소프트사 소프트웨어를 불법 설치해 해당 회사로부터 기소를 당했고, 자금 압박으로 인해 건설 사업들이 좌초되는 상황이었다. 이에 돤융지 이사장은 태산회 인맥을 총동원해 쥐런그룹에 자금 원조를 단행했다. 재기에 성공한 스위주 회장은 이후 빠짐없이 태산회에 참석하고 있다.

왕성한 사회 활동의
중국기업가클럽

화샤동창회와 태산회가 비밀주의를 지향한다면 중국기업가클럽은 공개 활동을 위주로 하며 언론 노출도 잦다. 또 자체적인 홈페이지를 운영하고, 홈페이지에 클럽 회원들의 기업 이념도 소개하고 있다. 2006년 설립된 중국기업가클럽은 그동안 류촨즈 레노버 회장이 클럽 회장직을 맡아 오다가 2016년 5월에 마윈 알리바바 회장이 회장직을 물려받았다. 설립 당시에는 31명의 회원으로 출범했다. 전체 회원의 동의가 없으면 신규 회원은 가입하지 못하는 것으로 알려졌다. 회원 수 상한선은 60명으로, 2016년

하루 만에 중국통 따라잡기

총 회원 수는 51명이었다. 그리고 전체 회원의 2014년 업체 매출액 합계는 3조 위안(약 536조 원)을 넘어섰다. 주요 멤버로는 마윈 알리바바 회장, 왕젠린 완다그룹 회장, 뉴건성 멍뉴그룹 회장, 리둥성 TCL그룹 회장, 위민홍 신둥팡 회장, 궈광창 푸싱그룹 회장, 왕스 완커 회장, 주신리 후이위안 음료 회장, 리수푸 지리자동차 회장, 펑룬 완퉁그룹 회장 등이다. 그리고 경제학자로 우징롄, 장웨이잉 저우치런, 쉬샤오녠 등이 고문단으로 참여하고 있다.

중국기업가클럽은 자신들의 목표를 '재계 지도자 육성', '지구 상 가장 영향력 있는 비영리단체'로 삼고 있다. 마윈 회장은 2016년 5월 클럽 회장 취임식에서 "기업에서 기업인이 내리는 결정은 도덕, 가치관, 사회적 책임과 상관이 있으며, 기업인이란 무릇 책임감을 가져야 한다"고 발언하기도 했다. 또 클럽 회원들은 수시로 만나서 술도 마시고 자유분방하게 의견을 교환한다고 한다. 마윈 회장이 이 자리에서 회포를 풀다가 속내를 드러내기도 하고, 위민홍 회장은 술에 취해 노래를 부르는 모습이 목격되기도 했다.

저장성 소수 정예
강남회

강남회는 2006년 저장성 상인들이 만든 경제인 클럽이다. 창립 회원은 마윈 알리바바 회장, 부동산 기업 저장뤼청의 쑹웨이핑 회장, 제약 기업인 칭춘바오그룹의 펑건성 회장, 유통업체인 인타이투자의 천궈쥔 회장, 자동차 부품 제조업 완샹의 루웨이딩 회장, 게임업체인 셩다인터넷의 천톈챠오 회장, 푸싱그룹 궈광창 회장, 인터넷포털 왕이의 딩레이 회장 등 8명이다. 8명은 강남회 발족 당시 의형제를 맺었다고 한다.

클럽 회원은 종신제며, 연회비는 20만 위안(한화 약 3500만 원)이다. 신입 회원은 1년간의 예비 회원 기간을 거친 후 정식 회원이 된다. 특히 이들은 의협심을 강조한다. 청나라의 거상 호설암을 존경하며, 호설암의 '선의후리(先義後利, 의가 먼저이며 이익은 나중이다)'를 내세운다. 다분히 무협지에 나올 법한 색채를 띠는 클럽이다. 또 서도(書道, 책), 다도(茶道, 차), 금도(琴道, 악기), 화도(花道, 꽃), 향도(香道, 향)의 5도(五道)를 중시한다. 함께 차를 마시며 역사와 문화에 대한 이야기도 즐겨 한다.

강남회 회원에게는 평생 단 한 번 사용할 수 있는 '강남령'이 부여된다. 이 강남령이 발동되면 나머지 회원들은 만사를 제쳐 놓고 그 회원을 돕는다. 실제로 2012년 강남회 회원인 쑹웨이핑 회장의 회사 저장뤼청이 자금난에 빠졌을 때 마윈 회장이 적극적으로 나섰고, 알리바바 직원들이 뤼청의 주택을 구매하도록 독려했다. 2015년 개교한 창업 전문 대학인 후판(湖畔)대학교 역시 강남회의 작품으로 알려졌다.

중국 기업 이야기

제1장

중국의 전기차 시장을 이끄는 비야디

　"오는 2030년까지 중국 자동차 시장이 100% 전기차 시장으로 바뀔 것이다."'중국의 테슬라'로 불리는 중국 전기차업체 비야디(比亞迪)의 왕촨푸(王傳福) 회장이 기자회견에서 한 말이다. 중국 당국이 경유, 휘발유 등화석연료 차량의 생산 판매를 언제부터 중단할지 조만간 발표할 것이라고밝힌 데 이어 왕 회장은 아예 구체적인 퇴출 시간표까지 언급했다. 또 그는 환경오염과 석유 의존도를 줄이기 위해 화석연료 차량을 줄이려고 노력 중이며, 버스에 이어 2025년까지 중국 내트럭이 모두 전기차로 바뀔 것으로 전망했다고 영국《파이낸셜타임스》는 보도했다.

　비야디는 중국 당국의 화석연료 퇴출 정책으로 가장 큰 수혜를 입을 것으로 예상되는 중국 기업 중 하나로 꼽힌다. 실제로 2017년 들어서 주가상승 폭이 거의 제로에 머물렀던 비야디 주가도 순식간에 날아올랐다. 중국 당국의 화석연료 차량 퇴출 발언 이후 주가가 홍콩거래소에서 약 열흘 만에 50% 넘게 급등한 것이다. 같은 기간 선전거래소에서도 비야디 주가는 25% 넘게 뛰었다. 비야디는 현재 중국의 전기차 굴기를 선도하는 중국의 토종 전기차 기업이다. 비야디의 2016년 신에너지 자동차 판매량은 9만 6000대로 전 세계 신에너지차 시장점유율 13%를 기록하며 1위에 올랐다.

오랫동안 배터리 분야에서 전문성을 쌓은 연구원 출신의 왕촨푸 회장은 1995년 선전에 직접 휴대폰 배터리업체를 차리며 사업을 시작했다. 이후 2008년 전기차 분야로까지 사업을 확장한 왕 회장은 지난 2009년 후룬보고서가 발표한 중국의 부자 순위에서 영광의 1위를 차지했다. 그리고 전기차 시장에 진출한 지 불과 8년 만에 테슬라를 제치고 세계 판매 1위의 전기차 제조업체로 등극했다. 앞서 2015년엔 미국의 경제지《포천》이 발표한 '세상을 바꾼 혁신 기업' 순위에도 이름을 올렸다. 비야디의 투자자 면모도 화려하다. '투자의 귀재'로 불리는 워런 버핏 버크셔해서웨이 회장은 이미 10년 전인 2008년에 비야디의 진가를 알아보고 투자했다. 이어

비야디 자동차

중국의 인터넷 공룡 텐센트, 우리나라의 삼성전자 모두 비야디의 든든한 투자자 중 하나다.

비야디가 줄곧 꽃길만 걸어온 건 아니다. 수년간 실적 악화에 적자를 면치 못한 비야디는 2011년엔 판매 사원의 70%를 줄이는 등 대대적인 감원에 나서기도 했다. 일각에선 워런 버핏의 비야디 투자를 회의적으로 바라보기까지 했다. 2017년에 들어서도 중국 정부의 전기차 보조금 축소, 전기차 시장 경쟁 과열 등의 영향으로 상반기 비야디의 전기차 판매량은 전년 동기 대비 30%가 줄었다. 한때 30%가 넘었던 중국 내 시장점유율도 상반기 말을 기준으로 19.5%로 쪼그라들었다. 이에 비야디는 신성장동력으로 '윈구이(雲軌)', 이른바 모노레일 사업으로 눈을 돌렸다. 2016년 10월 광둥성 선전에 자리한 비야디 본사에서 모노레일 첫선을 보인 후, 중국 18개 도시와 총 460㎞가 넘는 길이의 모노레일 건설 계약을 체결했다. 여기에 중국 정부가 전기차 시장을 적극 육성하기로 하면서 주춤했던 전기차 사업의 성장세는 더욱 가팔라질 것으로 예측되고 있다. 특히 비야디에겐 세계 최대 전기차 시장인 중국의 내수 시장이 커다란 무기로 작용한다. 글로벌 투자은행인 JP모건도 비야디의 전기차 판매량이 크게 늘어나자 전기차 사업 전망을 밝게 점치며 비야디의 목표 주가를 100위안으로 올렸다.

제2장

중국 택배산업의 선두, 순펑택배

중국의 전자상거래 공룡인 알리바바 그룹에 반기를 든 한 택배업체가 있다. 바로 순펑(順豊)택배다. 알리바바는 산하에 국내외 물류 창고와 택배업체들을 한데 모은 물류 플랫폼 '차이냐오(菜鳥)'를 보유하고 있다. 소비자가 알리바바의 온라인 쇼핑몰에서 물품을 주문하면 차이냐오와 제휴한 택배업체가 물건을 배달하는 방식이다. 순펑택배 역시 2013년부터 차이냐오를 주 물류 플랫폼으로 이용해 왔다. 하지만 차이냐오가 최근 순펑택배 측에 알리바바의 온라인 쇼핑몰과 상관없는 이용자 물류 데이터까지 내놓으라고 강요하자, 순펑택배는 차이냐오와의 협력을 중단해 버렸다. 이로 인해 물류 대란이 발생할 것을 우려한 중국 국가우정국이 직접 중재에 나서 양 사 간 갈등은 일단락됐다.

순펑택배가 알리바바에 반기를 들 수 있었던 것은 알리바바의 물류 플랫폼 없이도 자체적인 물류망을 운영할 수 있다는 업계 1위의 자신감 때

순펑택배 배송 차량

문이다. 순펑택배는 중국 최대의 '택배 공룡'이다. 현재 중국의 중소 도시 331곳까지 뻗쳐 있는 촘촘한 물류 네트워크로 중국 대륙의 97%를 커버하고 있다. 외신들은 순펑택배를 '중국의 페덱스'라 일컫기도 한다. 순펑택배의 2016년 순이익은 전년 대비 112.5% 증가하며 41억 위안에 육박했다. 이는 업계 2위인 중퉁(中通)택배의 두 배를 웃도는 것으로, 3~5위 경쟁업체들의 순이익을 모두 합해도 넘을 수 없는 실적이다.

순펑택배는 중국의 온라인 쇼핑 활황에 힘입어 택배 시장이 팽창하면서 성장 가도를 달렸다. 국가우정국 통계에 따르면 2016년 중국에서 온라인 주문으로 발생한 택배 물량은 310억 개로 10년 전인 2006년에 비해 31배 증가했다. 이는 전 세계 택배 물량의 44%에 달하는 수준이다. 2016년 중국의 택배 시장 규모는 4000억 위안(66조 4000억 원)에 육박했다. 순펑택배는 특히 2017년 2월 선전증권거래소에 상장하면서 대박을 터뜨렸다. 상장하자마자 주가가 4일 연속으로 일일 상한가인 10%씩 급등한 것이다. 주가가 치솟으며 왕웨이(王衛) 순펑택배 회장의 몸값도 뛰었다. 한때는 중국의 3대 갑부로 단숨에 치고 올라왔을 정도다. 상장으로 든든한 실탄을 확보한 순펑택배는 얼마 전 미국의 물류 회사인 UPS와 합자 형식으로 글로벌 택배업체를 홍콩에 설립하는 등 해외 진출에도 적극적이다. 순펑택배는 현재 중국에서 미국, 일본, 싱가포르, 말레이시아, 인도, 태국, 베트남, 호주 등으로 보내는 국제 택배 사업도 활발히 하고 있다. 한국에도 지난 2011년 지사를 설립했다. 2015년엔 순펑택배가 주도적으로 선퉁(申通), 윈다(韻達) 등 중국의 4개 민영 택배업체와 손잡고 무인 택배 서비스 업체인 펑차오(豊巣)과기를 설립하는 등 알리바바 물류 플랫폼에 대한 의존도를 줄이는 데에도 주력해 왔다.

순펑택배를 창업한 왕웨이 회장은 택배 기사 출신의 자수성가형 기업인이다. 마윈 알리바바 회장이 가장 존경하는 인물로도 잘 알려져 있다. 왕 회장은 1971년 상하이에서 태어나 7세 때 가족을 따라 홍콩으로 이사했다. 고등학교 졸업 후에는 홍콩의 염색 공장에서 일하면서 염색 샘플을 나르는 일을 했다. 그러다가 22세 때인 1993년 광둥성에서 직원 6명으로 순펑택배를 창업해 오늘날 중국의 택배왕이 됐다. 왕 회장은 특히 '기업의 최대 자산은 직원'이라는 신념하에 직원을 최우선으로 하는 경영 철학으로 유명하다. 그는 항상 직원들을 향해 존중하는 마음을 드러내는 것은 물론, 평소에도 직원들에게 90도로 인사한다고 알려져 많은 이들의 이목을 집중시킨 바 있다. 2016년 4월엔 자사 택배원이 배달 도중 억울하게 폭행을 당하자 직접 흑기사로 나서서 가해자에게 책임을 묻겠다고 선언해 화제가 됐다.

제3장

삼성·LG 디스플레이를 뒤쫓는 징둥팡

애플이 차세대 아이폰의 아몰레드(AMOLED, 능동형 유기발광다이오드) 디스플레이 제공업체로 삼성이 아닌 중국 기업에 눈길을 주고 있다는 설이 번지고 있다. 2017년에 처음 이러한 소문이 불거진 데 이어 최근에 다시 가능성이 높아지면서 실리콘밸리 사람들 사이에 한 중국 기업의 이름이 오르내리고 있다고 중국 언론은 보도했다. 미국의 시장조사기관 IHS 마킷은 소문의 중국 기업이 얼마 후 세계 최대 아몰레드 디스플레이 공급업체가 될 것이라는 파격적인 전망도 내놓았다.

삼성과 LG가 장악하고 있는 세계 디스플레이 시장을 넘보며 위협적인 다크호스로 떠오른 기업은 바로 중국 최대의 디스플레이 제조업체 징둥팡(京東方)이다. '양(量)'으로 공세를 펼쳤던 징둥팡은 최근 생산 설비를 확충하는 동시에 기술 확보에도 공을 들이며 삼성·LG 디스플레이의 아성을 무너뜨리려 하고 있다. 2017년 5월에는 징둥팡이 중국 최초로 6세대 '휘어지는(flexible)' 아몰레드의 생산 라인을 쓰촨성 청두에서 가동했다는 소식이 나왔다. 이 소식은 징둥팡이 애플의 새로운 동반자가 될 것이라는 소문과 더해져 디스플레이 업계를 긴장시켰다. 중국의 시장조사업체 시그메인텔은 중국 기업의 세계 스마트폰 아몰레드 시장점유율이 아직 3% 수준이지만 2021년이면 35%에 달할 것으로 내다봤다. 디스플레이 세 장 중 한 장은 '메이드 인 차이나'가 되는 셈으로, 이러한 변화의 중심에 징둥팡이 있을 전망이다.

징둥팡은 실패라는 토양을 딛고 혁신으로 성공 신화를 이뤄 낸 중국의 대표 기업이다. 하지만 1992년까지만 해도 징둥팡은 7년 연속 적자로 파산 위기에 몰린 '베이징전자관'이었다. 그해 9월 패기 넘치는 35세의 청년 왕둥성(王東升)이 공장장으로 부임했다. 그리고 1993년 4월 왕둥성은 당시 직원들이 한 푼 한 푼 모은 650만 위안과 베이징전자관에 남은 자산을 바탕으로 징둥팡의 전신인 베이징둥팡전자그룹을 창립했다. 왕둥성이 이끄는 징둥팡은 빠르게 성장해 갔다. 시장화, 국제화, 전문화를 내걸고 앞으로 내달린 징둥팡은 결국 적자 경영에서 탈출해 흑자 기업이 됐다. 그리고 1997년 6월에는 선전 B주(외국인 전용 거래 주식), 2001년 1월에는 A주(내국인 전용 거래 주식) 상장에 성공하며 중국을 대표하는 디스플레이 생산업체로서의 기반을 다졌다. 징둥팡의 성공 신화를 주도한 왕 회장은 이제 자주 혁신의 선구적 리더로 꼽힌다. 또 중국 디스플레이 업계의 새로운 역사의 장을 연 인물이라는 평가를 받고 있다.

징둥팡은 최근 대세로 떠오른 OLED(유기발광다이오드)와 대화면 LCD(액정표시장치)라는 두 마리 토끼를 모두 잡기 위해 투트랙 전략을 구사하는 중이다. 또 전국적으로 생산 라인을 확충하는 데 공을 들이고 있다. 2015년 징둥팡은 푸저우(福州)에는 8.5세대 LCD 패널, 안후이성 허페이(合肥)에는 10.5세대 TFT-LCD의 생산 라인 착공을 선언했다. 푸저우 생산 라인은 2017년 2월 가동됐고 허페이 생산 라인도 곧 가동될 예정이다. 최근 가동된 청두의 아몰레드 생산 라인도 2015년에 착공됐다.

최근에는 세계적인 흐름을 따라가기 위한 최첨단기술 확보와 스마트화, 글로벌 시장 진출 등에 공을 들이며 두 자릿수의 고속 성장세를 유지하고 있다. 2016년 징둥팡의 영업이익은 689억 위안으로 전년 동기 대비 41.69% 급증했다. 2016년 연구개발(R&D) 투자는 41억 4000만 위안으로 전년 동기 대비 24.74% 증가했다. 연구 인력 규모도 24.78%나 늘렸다. 노력의 결과로 징둥팡은 총 7570건의 특허를 새롭게 출원했다. 이 중 발명 특허가 80%를 차지한다. 지금까지 확보한 특허만 해도 5만 건이 넘는다. 징둥팡이 아직은 삼성·LG 디스플레이와의 기술적 격차가 크지만 결코 안심할 수 없는 이유가 바로 여기에 있다.

공장 스마트화와 스마트 시장 공략도 노리고 있다. 사물인터넷(IoT)과 인공지능(AI)기술을 활용한 자동화 생산 시스템을 갖춰 고객에게 필요한 최적의 제품을 생산하겠다는 포부다. 스마트 물류로 배송 효율을 높이고, 스마트자동차용 제품 생산 등으로 시장 범위를 확대하는 데 힘을 쏟고 있다. 세계로의 발걸음도 분주하다. 최근에는 러시아에 자회사를 설립해 출사표를 던졌다. 미국, 독일, 일본, 한국, 싱가포르, 인도 등 여러 국가에 지사 혹은 연구기지를 세워 유럽과 미국 그리고 아시아를 아우르는 서비스 네트워크도 구축한 상태다. 기업 인수에도 적극적이다. 미래 산업 선점을 위해 미국의 증강·가상 현실(AR·VR) 기업 메타(Meta)를 인수했고 중국의 차량용 디스플레이 시스템업체인 징뎬국제(精電國際), 프랑스의 유통

업체인 SES이마고태그(Imagotag) 등을 손에 넣었다.

중국 정부는 중국을 제조업 강국으로 이끌 혁신 기업으로 징둥팡을 주목하고 있다. 지원을 아끼지 않는다는 의미다. 2015년 1월 시진핑 주석은 징둥팡의 충칭 공장을 시찰하고 "중국이 제시한 5대 발전 이념 중 혁신이 최우선"이라며 징둥팡에 "혁신을 더 높은 단계로 이끌어 달라"고 직접 주문하기도 했다.

제4장

중국 SUV 시장의 최강자, 창청자동차

중국에서는 토종 브랜드의 SUV가 높은 인기를 유지하며 자동차 시장 전체의 핵심 성장동력으로 자리 잡은 분위기다. 하지만 최근 성장률 둔화 조짐이 감지되면서 SUV의 가파른 상승 곡선이 얼마나 지속될 수 있을지에 업계가 촉각을 곤두세우고 있다. 이에 중국의 경제·금융 전문 매체인 《제일재경일보(第一財經日報)》는 최근 업계 전문가들의 발언을 종합해 적어도 5년은 상승 곡선을 유지할 거라는 의견이 지배적이라고 보도했다.

중국자동차공업협회가 공개한 통계에 따르면 2017년 상반기 중국의 SUV 판매량은 2016년 상반기 대비 16% 늘어난 450만 대였다. 이는 승용차 시장 전체의 44%에 육박한다. 반면 세단 판매량은 동기 대비 1.3% 감소해 최근 중국 자동차 시장의 대세는 SUV임을 확실히 보여 줬다. 판매 차량 대부분은 중국산 차로 자국산 SUV의 시대가 열린 듯한 분위기다.

시장 전문가들은 SUV 상승세 지속의 배경으로 우선 넉넉한 내부 공간,

안전성, 다양한 기능 등 SUV의 기본 특성이 중국 소비자의 입맛에 부합한다는 점을 들었다. 여기에 중국 소비자의 주머니가 두둑해지면서 7만~12만 위안대(약 1200~1800만 원) 차량에 대한 상당한 규모의 기본 수요층이 형성된 점도 긍정적으로 작용했다. 또 중국산 SUV는 가성비가 뛰어나 경쟁에서도 유리하다. 따라서 이러한 흐름이 최소한 5년은 계속된다는 것이다. 세계 자동차 시장에서 SUV의 최대 비중이 63%에 육박하는 것과 비교해 중국 내 SUV 비중은 아직 50%에도 못 미친다. 그러나 이 역시 성장 잠재력이 상당함을 보여 주는 근거라는 게 전문가들의 설명이다.

그렇다면 중국의 SUV 열풍을 주도하고 앞으로도 상승세를 이어 갈 대표 기업은 어디일까. 바로 중국 SUV 시장의 최강자 창청(長城)자동차다. 1984년 허베이성 바오딩(保定)시 창청공업공사로 시작한 창청자동차는 중국을 대표하는 자동차 제조업체로 SUV와 픽업트럭 시장의 일인자다. 2003년 홍콩거래소, 2011년 상하이거래소에 상장했고 총 40여 개의 자회사를 보유하고 있으며 연간 자동차 생산 규모는 약 100만 대에 달한다.

2016년 중국 시장에서 가장 많이 팔린 자동차는 총 58만 683대를 기록한 창청의 하푸 H6으로 전년 동기 대비 55.6%가 늘었다. 창청의 하푸 H2도 19만 6926대가 판매되며 SUV 판매량 8위에 이름을 올렸다. 현대자동차가 투싼 17만 6687대를 팔아 간신히 11위에 랭크된 것과 대조적이다. 2016년 창청자동차의 SUV 총 판매량은 92만 9199대로 2년 연속 1위를 차지했다. 이는 2위인 창안(長安)자동차의 52만 9054대를 크게 웃도는 압도적인 수치로, 그 뒤를 이은 둥펑(東風)닛산과 상하이GM의 판매량을 합친 것보다도 많다.

창청자동차가 성공할 수 있었던 것은 자동차 보급률 증가와 고속도로

하루 만에 중국통 따라잡기

창청자동차의 SUV 모델 하발 H8

등 각종 교통 인프라 확충에 따라 자가운전을 통한 여행 수요가 급증하는 추세를 인지하여 발 빠르게 SUV 개발과 시장 공략에 주력했기 때문이다. 기술 면에서 더 앞서는 해외 브랜드를 이기기 위해 저렴하지만 상대적으로 우수한 성능, 세련된 디자인을 갖춘 모델을 선보인 것도 시장 공략에 힘을 실었다. 최근에는 지속 가능한 성장동력 찾기에도 공을 들이는 추세다. 고급형·대형 SUV 개발은 물론 자동차업계의 미래로 지목된 친환경 전기차, 스마트자동차 등 연구개발에 적극적으로 뛰어들고 있다.

제 7 부

대륙에서 만난 이 남자

제1장

전용희 브레든 회장

빵과 커피로 대륙의 입맛을 사로잡은 남자

"중국에서는 쌀보다 밀이 주식이라는 사실을 깨닫고 베이커리 사업에 대한 연구를 시작했습니다." 전용희 브레든(BREAD'N) 회장이 중국 사업에서는 열정과 노력 그리고 인내가 꼭 필요하다고 강조하며 브레든을 창업하게 된 계기를 밝혔다. 커피·제과 프랜차이즈인 브레든은 2006년 중국 산둥성 웨이하이시에 1호 매장을 오픈한 후, 2018년 1월 현재 칭다오, 지난 등 산둥성 도시는 물론 베이징, 톈진, 다롄, 하얼빈, 선양 등 11개 도시에서 40개 매장을 운영하고 있다

전 회장은 "브레든을 처음 오픈했을 때 깨끗하고 고급스러운 매장 분위기 때문인지 중국인들이 밖에서 보기만 하고 들어오지 않았다"며 "그래서 직원들과 함께 매일 밖에서 전단지를 나눠 주며 매장을 홍보했다"고 말했다. 전 회장은 당시 빵을 하나 사면 커피 쿠폰을 무료로 제공하는 '원 플러스 원' 전략을 세웠다. 무료 쿠폰을 버리지 않고 꼭 사용한다는 중국인의 특징을 알았던 그의 전략은 바로 통했다. 쿠폰을 받은 중국인들이 매장으로 들어오기 시작했고, 중국인의 입맛에 맞게 만들어진 빵과 커피는 중국인들 사이에서 금방 소문이 났다. 전 회장은 그렇게 웨이하이시에 '빵과 커피'라는 문화를 만들어 갔다.

전 회장은 중국에서 생활한 지 20년 됐다. 당시 120만 원으로 지금의 차이나드림을 이뤘기 때문에 '120만 원 기적의 사나이'라 불린다. 많은 한국 매체의 성공 신화 코너에서도 자주 등장하고 있다. 요즘에는 방송을 비롯해 세계 각국에 강연을 하러 다닌다. 전 회장은 중국에 처음 왔을 때만 해도 빨리 돈을 벌어서 중국 땅을 나가고 싶어 했다. 하지만 돈은 모아지지 않았고 사업 실패까지 이어지며 굉장히 어려운 시기가 찾아 왔다. 당시 운영했던 벤엘베이커리는 4년 만에 문을 닫았다. 전 회장은 벤엘 베이커리가 망한 이유를 정확히 알고 있었다.

첫째, 한국인이 많이 살고 있는 곳에서만 영업을 했다.

둘째, 한국이 좋아하고 즐겨 찾는 제품만 만들었다.

셋째, 주말에 주로 외식하는 중국인들의 특성과 반대로 일요일에는 매장 문을 닫았다.

전 회장은 중국에서 사업할 때 가능한 한 하지 말아야 할 위의 3가지를 모두 했다고 한다. 사업에 실패한 후 전 회장은 어느 순간부터 '나는 중국 땅에서 살고 있고 중국인들에게 은혜를 입고 있는 게 아닌가?'라는 생각이 들었다. 그리고 중국과 중국인들을 진심으로 사랑하게 됐다. 그때부터 전 회장의 사업은 날로 번창하며 전국 40여 개 매장을 운영하게 됐다. 매장에 직접 가 보면 다른 곳엔 사람이 없어도 브레든에는 사람이 있다.

전 회장은 중국 내 기부 문화 전파에도 앞장서고 있다. 전 회장이 운영하는 모든 매장에는 '더투게더'라는 이름의 모금함이 배치돼 고객들이 자발적으로 모금에 참여할 수 있다. 또 매년 산둥대학교 학생들에게 장학금을 기부하고 지역 고아원에 식료품을 전달하고 있다. 2018년부터는 중국 웨이하이한인회장이라는 중책도 맡았다. 전 회장은 중국에 진출한 한국 기업과 진출을 준비하는 기업인들에게 그동안의 사업 노하우를 전하며 협력해 나가기로 했다. 전 회장은 "농부가 그 땅을 사랑하지 않으면 그 땅은 농부에게 곡식을 주지 않을 것"이라며 "내가 살고 있는 중국 그리고 내가 속한 공동체와 회사를 사랑하지 않으면 나에게 아무도 먹을 것을 주지 않을 것"이라고 강조했다.

제2장

김현철 우리은행 중국 웨이하이지점장

우리은행과 더불어 함께 사는 세상 만들기

"이익의 사회 환원이라는 모토 아래 계속 이어 왔던 소외계층에 대한 지속적 봉사 활동에 대해서도 물심양면으로 뛸 것입니다" 김현철 우리은행 중국 웨이하이지점장은 더불어 함께 사는 세상의 구현을 위해 "중국 사회, 현지 주재원 그리고 우리 교민들과 같이 호흡하고 어깨동무하며 초심을 잃지 않고 한 발 한 발 내딛도록 최선을 다할 것"이라고 강조했다. 그는 또 "지속적인 사회 공헌 활동으로 지역사회와 함께 성장하는 기업이 될 것"이라며 "한중 양국의 우의 증진을 위한 민간·공공 외교에 더욱 힘쓰겠다"고 밝혔다.

김현철 지점장은 사랑은 나눌수록 커지고 뜨거워지는 것을 잘 알고 있다. 그래서 그는 계속해서 다양하고 체계적인 나눔 실천으로 주변에 따스한 사랑을 전하고 지역사회의 든든한 이웃으로 거듭나고 싶다고 했다. 실제로 김 지점장은 중국 웨이하이지점에 부임한 후 매년 직원들과 함께 직접 준비한 식료품 등의 생필품을 아동복지원과 양로원에 전달하고 있다. 그는 항상 아이들에게 지금의 상황이 어려울 수 있지만 자신의 꿈을 포기하지 말고 꾸준히 노력해 줄 것을 당부한다. 또 소년소녀가장 및 독거노인 등 사회에서 외면받고 있는 이들이 문화 활동을 할 수 있도록 소외계층을 위한 문화 공연 행사를 지원하는 등 기업의 사회적 책임 활동에 앞장서고 있다.

우리은행 중국 웨이하이지점은 이러한 공로를 인정받아 2016년 중국 웨이하이시 사회 공헌 우수 기업 표창을 수상하는 영예를 안았다. 중국에 진출해 있는 외국계 기업은 쉽게 받을 수 없는 상이라 김 지점장에게는 이 표창의 의미가 굉장히 크다. 이번 표창 소식은 중국한국상회와 대한민국 주중국 대사관 그리고 코트라에서 발간한 '2017 재중국 한국 기업 CSR(Corporate Social Responsibility) 활동' 책자에도 소개됐다.

김 지점장은 중국에 진출해 있는 기업인들에게 컨설턴트의 역할도 해 주고 있다. 그에게는 중국에 진출하려는 사람들에게 꼭 해 주고 싶은 말이 있다.

첫째, 중국의 역사와 사회 관습, 특히 진출하려는 지역에 대해서 미리 충분히 공부해야 한다. 단순히 언어만 공부해서는 부족하다. 중국에 들어와서도 지속적으로 공부하며 연구해야 한다.

둘째, 기업은 반드시 지역사회와 함께 성장해야 한다. 기업의 이익이 창출되면, 한국에 모두 가져갈 생각보다는 지역과 함께 나눌 계획을 세워야 한다. 단순히 한두 번 기금 전달 후 사진 찍고 돌아오는 것은 의미가 없다. 그들의 뿌리 속으로 들어가야 한다. 넥타이 풀고 뛰어 들어가서 함께 청소하고 함께 웃고 나누는 것이 필요하다.

셋째, 연속성 있는 관계, 즉 라오펑유(老朋友)를 만들어야 한다. 주재원들은 보통 3년 정도 근무하고 귀국한다. 첫해에는 중국에 적응하며 업무를 익히고 새로운 사람들을 소개받는다. 그 다음 해에는 회사 임원을 비롯해 여기저기 지인들을 대접한다. 그리고 마지막 해에는 한국에 살 집을 마련하거나 아이들 학교 문제를 처리하는 등 귀국을 준비하느라 바쁘다.

일은 사람을 통해서 한다. 그래서 사람과의 관계를 잘 맺어야 한다. 그 관계는 술 먹고 선물 주고 홍바오(红包, 돈 봉투)를 건네는 것으로는 맺어질 수 없다. 누가 업무적으로 만나야 하는 사람인지를 파악하고 그 사람의 필요를 알며 진심으로 다가가야 마음을 나눌 수 있다. 그리고 마음을 나눈 후에야 비로소 라오펑유가 되는 것이다.

제3장

김종환 중국 옌타이한인회장

끊임없이 분석하고 조사하고 연구하라!

김종환 중국 옌타이한인회장은 "한국 상품을 값지게 여겼던 중국인들이 고개를 돌리고 상품 포장에 써 있던 한글이 모두 사라져 가고 있다. 한국 상품을 수입해서 판매하던 각 지역의 한국관 등 소상공인 매출이 90% 줄어든 상황"이라며 "중국에 진출한 모든 한국 기업체들과 재중 한국인들은 어느 때보다도 힘든 시기를 보내고 있다"고 말했다. 그는 이어 "체감 경기는 차갑고 상황 변화는 예측할 수 없지만 지난 한중 정상 간의 만남은 새로운 변화를 예고하고 있다"며 "옛 어른들의 말씀을 거울삼아 슬기롭고 단합된 모습으로 각자의 위치에서 최선을 다하자"고 강조했다.

김종환 중국 옌타이한인회장은 1988년 처음 중국 땅을 밟았다. 당시 김 회장의 친구들은 미국에 가서 영어를 공부하거나 일본으로 유학을 갔지만 김 회장은 대만을 선택했다. 이렇게 김 회장과 중화권의 만남이 시작됐다. 유학 후 김 회장은 한국 기업의 주중 주재원으로 근무하다가 귀임하지 않고 중국에서 사업을 시작했다. 김 회장은 어망 사업을 했는데 당시 중국에는 김 회장처럼 제품을 만드는 곳이 없었다. 김 회장은 경쟁력을 갖추기 위해 계속해서 시장을 조사하고 분석하고 연구하며 새로운 제품 개발에 많은 시간과 비용을 투자했다. 처음 하는 사업이라 많은 시행착오를 거치며 기반을 다져 나갔다.

초기 중국에 진출했던 많은 기업들은 기계를 갖고 오는 등 기계에 많은 투자를 했다. 당시에는 기계가 있으면 중국 현지 은행에서 대출을 받을 수 있었기 때문이다. 그래서 보통 땅과 건물은 임차해서 사용하고 기계에 투자했다. 하지만 김 회장의 생각은 달랐다. 김 회장은 돈이 생기면 중국에서 땅을 사야겠다고 생각했다. 당시 임차비가 1년에 20만 위안이었으므로 200만 위안이면 땅을 살 수 있었다. 김 회장은 10년을 내다보며 땅을 사는 게 맞다고 생각했다. 김 회장은 말한다. "다른 기업과, 다른 사람과 반대로 가는 것 그리고 앞으로 갈 때 뒤로 갈 수 있는 용기가 사업할 때 꼭 필요하다고 생각한다." 김 회장은 땅을 사고 건물을 올린 뒤에도 이제 됐다고 생각하지 않았다. 대신에 김 회장은 100% 수출하던 제품의 99%를 중국 내수 시장에 팔고 있다. 하지만 그런 김 회장도 거대한 중국 내수 시장에 발을 내딛고 살아남는 게 쉽지 않다. 끊임없이 연구하며 신제품을 개발해 시장에 내놓고 있지만 모든 신제품이 히트를 치는 것도 아니다. 실패할 때가 더 많다고 한다. 하지만 실패해도 계속해서 연구하고 개발하며 도전해 나가고 있다.

김 회장은 대한민국 정부를 향해 말한다. "대한민국 각 정부기관의 인재들이 중국에 좀 더 많이 나와서 현장을 경험해야 한다. 각 분야별 현장 전문가가 필요하다. 특히 젊은 친구들이 많이 나와서 경험하고, 그 경험을 바탕으로 국가 정책을 세워 실질적으로 현장에 도움이 될 수 있도록 해야 한다. 이것이 바로 국가 경쟁력이 될 것이다." 그리고 중국 진출을 준비하는 사람들에게 말한다. "중국에 진출하기 전에 중국어 공부는 꼭 해야 한다. 중국어를 모르고 들어오면 실패할 수밖에 없다. 그리고 전문성이 있어야 한다. 직업에는 귀천이 없다. 자신이 원하는 분야가 있으면 하면 된다. 하지만 중국에 들어올 때는 관련 산업에 대한 조사부터 하고 그 분야의 전문가가 돼서 사업을 시작해야 한다. 그렇게 해도 중국에서 성공할 수 있는 확률은 높지 않다. 철저히 준비하고 연구해야 한다."

제4장

양스안 중국 옌타이시 수석대표

한국 기업을 위해 언제나 스탠바이

"제 핸드폰은 24시간 켜져 있습니다. 저를 믿고 중국에 진출한 한국 기
업들에게 무슨 일이 터질지 모르기 때문에 항상 대기하고 있습니다." 양스

안(楊世安) 중국 옌타이시 주한국대표처 수석대표는 "해외에 나가서 직접 투자 유치를 위해 뛰는 것도 중요하지만, 현지에 진출해 있는 기업들에게 좋은 서비스를 제공하는 사후 관리를 통해 더 많은 기업을 유치할 수 있을 것"이라며 이같이 밝혔다.

양스안 수석대표는 1992년 한중수교가 체결되던 해 한국에 첫발을 내디뎠다. 당시 중국 옌타이시 인민정부 대표단에 포함돼 배를 타고 한국에 갔다. 옌타이시는 중국 연해개방도시 중 한 곳으로 여러 가지 달콤한 정책을 준비해 중국 진출을 준비하는 한국 기업들에게 손짓을 하고 있었다. 양 수석대표는 그때부터 지금까지 약 25년 이상을 투자 유치 업무에 몸담으며 한국 기업들을 연구하고 있다. 특히 2002년 옌타이시 푸산구 투자촉진국장을 맡으면서 한국 기업의 투자를 유치하기 위한 시동을 걸었다. 한국 기업들이 시장조사를 위해 중국을 방문하면 양 수석대표는 기업 투자와 관련된 정보 외에도 가족들의 교육, 거류증, 거주지, 병원 등과 같이 중국 생활에 꼭 필요한 다양한 정보를 제공했다.

양 수석대표는 "여러 가지 조사와 검토 과정을 거친 후 한국 기업의 투자가 확정되면 사실 더 긴장된다"며 "이 기업이 나를 믿고 중국에 진출하는데 중국에서 꼭 성공할 수 있도록 최선을 다해 협력해야 할 것"이라고 강조했다. 그는 이어 "20년 이상의 투자 유치 경험을 갖고 있다. 해 본 사람이 더 잘할 수 있다는 건 누구나 알고 있는 사실"이라며 "그동안 수많은 아이템과 프로젝트를 추진해 봤다. 이제는 업종 및 제품만 들어도 어느 정도 방법과 방향을 알 수 있다"고 말했다. 이미 많은 한국 기업의 중국 진출을 도왔기 때문에 이제 양 수석대표만의 투자 유치 레시피대로 빠르게 관련 절차를 처리할 수 있다는 것이다. 양 수석대표는 또한 "한국을 너무 사랑한다. 산둥성 특히 옌타이시의 발전에 한국 기업이 큰 기여를 했다"며 "한국, 한국인, 한국 기업과 많은 추억을 갖고 있다. 이 추억이 내 삶 가운데 평생 큰 위로와 힘이 될 것 같다"고 말했다.

2분 정보! 산둥성과 옌타이시

산둥성은 1인당 평균 소득 1만 달러, 인구 1억 명에 달하는 중국의 성(省)급 행정구역이다. 국내총생산(GDP) 기준 31개 성·시·자치구 중 광둥성, 장쑤성에 이어 세 번째 부자 도시로, 중화학공업의 중심지이자 중국 농산물 생산 1위의 농업 도시다. 산둥성에는 17개의 대표 도시가 있다. 중국의 대표적 사상가 공자의 출생지인 취푸(曲阜)시, 우리가 잘 알고 있는 태산, 중국 문학의 빛나는 두 샛별 이백(李白)과 두보(杜甫)가 함께 생활했던 옌저우(兗州)시, 신라방이 있었던 웨이하이(威海)시, 중국의 4대 누각이 있는 펑라이(蓬萊)시, 황금 생산으로 부자가 많은 옌타이(煙臺)시가 모두 산둥성에 있는 곳이다.

그중 옌타이시는 인구 700만 명이 거주하는 도시로, 경제 수준은 산둥성 내 2위, 중국 전체 20위 정도를 차지하고 있다. 중국의 첫 번째 개방도시로서 한국과 가장 가까운 도시 중 한 곳이기도 하다. 옌타이시에서 매주 인천과 부산으로 운항되는 항공편은 124편으로 비행기를 타고 1시간이면 인천공항에 도착한다. 옌타이시 자료에 따르면 한국은 옌타이시 제1의 무역 파트너이다. 2017년 말까지 누적 3760개의 한국 법인이 옌타이시에 설립됐다. 그리고 옌타이시는 현재 LG전자, LG디스플레이, LG이노텍, 두산인프라코어, 현대자동차 중국기술연구소, 현대중공업, 대우조선해양, 포스코, 한화 등 산둥성에서 가장 많은 한국 대기업이 진출해 있는 도시다. 옌타이시는 중국에서 관광과 휴양의 도시로도 꼽힌다. 휴가철이 되면 옌타이시 해변에는 중국 각지에서 몰려온 관광객들로 인산인해를 이룬다. 유엔에서 '사람이 가장 살기 좋은 도시'로 선정되기도 했다.

제5장

김정구 애그리치글로벌 중국 대표

거대한 중국 시장에는 선택과 집중이 필요

"함께 일하는 동료 직원은 부하가 아닌 가장 중요한 비즈니스 파트너다.

우리 회사의 황제는 직원이다. 중국 직원들을 존중해 주고, 동종 업계 최고의 대우를 받으며 안전하고 행복하게 근무할 수 있는 환경을 만들어 줘야 한다." 김정구 애그리치글로벌 중국 대표는 직원의 중요성을 강조하며 이같이 말했다. 그는 이어 "월급을 많이 준다고 해서 일에 대한 몰입도가 높은 건 아니다. 공정하고 투명한 파트너 관계를 만들어야 한다"며 "회사의 가치가 높아지면서 직원들의 가치도 함께 발전하며 증가하는 것, 이것이 바로 공유의 개념"이라고 설명했다. 김 대표는 지속 성장이 가능한 비즈니스 모델을 만드는 게 중요하다고도 강조했다. 업무에 대한 직원의 몰입도가 높아지면 고객 만족이 자연스럽게 이뤄지고 회사는 지속적이고 안정적으로 수익을 창출하게 된다. 그리고 그 수익을 지역사회와 함께 나누며 지역사회 발전에 기여하게 된다. 이런 시스템을 갖춘 회사는 얼마든지 지속적으로 성장하며 발전할 수 있다.

중국인 한 명에게만 물건을 팔아도 13억 개를 팔 수 있다는 말은 들어봤을 것이다. 다들 웃기는 소리라고 한다. 하지만 김 대표는 13억 개를 팔 수도 있다고 말한다. "먼저 13억 개의 제품을 공급할 수 있는 시스템을 구축하고, 13억 개를 팔 수 있는 비즈니스 모델, 잘 훈련된 인재, 신뢰성 있는 브랜드 그리고 시장유통 구조를 갖춘다면 가능한 일"이라며 "하지만 이와 같은 시스템이나 전 중국에 물건을 팔 수 있는 유통 구조를 갖추는 게 쉽지 않은 일"이라고 말했다. 그는 "중국과 같이 거대한 시장을 한 번에 공략하기는 어렵다. 수박은 반드시 먹을 수 있는 크기만큼 잘라 먹어야 한다. 중국 시장도 가장 잘 할 수 있는 시장부터 선택하고 집중해서 공략해야 한다"고 말했다. 그래서 김 대표는 먼저 산둥성과 허난성을 공략했다. 김 대표의 '선택과 집중'은 통했다. 창업 2년 만에 산둥성과 허난성에서 중국 업체뿐 아니라 미국계 사료업체와도 어깨를 나란히 하는 반열에 올라섰다. 설립 2년 만에 김 대표 혼자 중국 현지 직원을 이끌고 중국 시장에서 800억 원의 매출을 올렸다는 것은 기적 같은 일이다.

농민을 위한 기업, 고객에게 최고의 가치를 전달하는 것을 핵심 가치이자 경쟁력이라 말하는 애그리치글로벌은 2015년 2억 7200만 위안, 2016년 3억 5000만 위안, 2017년 4억 6000만 위안의 매출액을 달성하였다. 그리고 2018년에는 매출액 6억 5천만 위안을 목표로 놀라운 사업 성과를 이어가고 있다. 현재는 옌타이에 중국 본사를 두고 하이양, 르자오, 더저우, 카이펑, 베이징, 하얼빈 공장을 가동하고 있다. 2025년까지 중국 전체에 26개 공장을 설립하는 것이 목표다. 2017년에는 미래에셋대우로부터 120억 원의 투자를 받아 좀 더 적극적으로 중국 시장을 공략하고 있다. 2~3년 안에 코스닥 시장에 상장할 계획이다.

김 대표의 수익 배분 법칙은 '3331'로 정리할 수 있다. 30%는 직원들에게, 30%는 투자자들에게, 30%는 회사발전기금으로, 10%는 사회 공헌 활동으로 분배하는 것이다. 한 예로 김 대표는 매년 농민 자녀에게 장학금을 전달하고 있다. 2016년 30명, 2017년 60명에게 각각 장학금을 전달했다. 2018년에는 100명에게 장학금을 지급할 계획이다. 또 중국 대학교들과 산학 협력을 맺고 미래 인재 양성에 앞장서고 있다.

김 대표는 중국 시장을 준비하는 후배 기업인들에게 말한다. "중국 시장은 세계 각지의 경쟁자들이 치열하게 싸우는 곳이다. 사업 준비를 위해 중국에 한두 번 다녀간 기업인과 3개월간 머물며 준비한 기업인의 사업 감각은 크게 다를 것이다. 이제 꽌시(關係)는 중국 법 안에서의 꽌시다. 기술을 가져와 이익을 한국으로 빼 가는 것이 아니라 우리의 장점과 현지 파트너(직원)의 장점을 살려 동반 성장할 수 있고 경쟁력 있는 비즈니스 모델을 만들어야 한다. 그리고 이를 바탕으로 밑바닥부터 철저하게 파고들어야 할 것이다."

제 8 부

사이드 메뉴

・제1장・

간단히 알고 넘기는 한중 FTA

2015년 6월 1일 한중 매체들은 양국 간 FTA(Free Trade Agreement, 자유무역협정) 체결 소식을 일제히 전하며 한중 경제 무역 교류에 대해 더 큰 그림을 그리기 시작했다. 하지만 중국에 관심 있는 사람들에게 한중 FTA에 관해 물어보면 단순히 "세금 면제?"라고만 이야기하는 사람이 많다. 이 장에서 딱 기본적인 배경 정도는 알고 가자!

한중 FTA의
협상 과정

중국 상무부 국제무역경제협력연구원 자료에 따르면 2004년 11월 한중 양국이 '자유무역구 민간 실행 가능성'에 대해 연구해 보겠다고 선언한 후,

2005년 3월 20일 한중 FTA를 추진하기 위한 민간 공동 연구가 시작됐다. 한국의 대외경제정책연구소와 중국 국무원 발전연구센터는 '한중 FTA의 타당성 및 정책 대안을 위한 민간 공동 연구'에 합의하는 양해 각서를 체결했다. 그 후 산(産)·관(官)·학(學)의 공동 연구와 공청회 그리고 실무협의회를 거쳐 2012년 5월 협상 개시를 선언했다. 마침내 2015년 6월 1일 한중 양국은 서울에서 정식으로 한중 FTA를 체결했다. 그 해 12월 20일 한중 FTA가 발효하면서 첫 번째 관세가 인하됐고 2016년 1월 1일에는 두 번째 관세가 인하됐다.

한중 양국은 지리적으로 가깝고 경제적으로도 상호 보완성이 매우 강하다. 또 중국의 거대한 소비 시장과 잠재력으로 한중 경제 무역의 관계는 앞으로 새로운 단계로 발전하게 될 것이다.

한중 FTA산업단지와 시범도시

한중 FTA산업단지는 한국과 중국 간 체결된 협정에 따라 양국 정부가 각각 지정하는 산업단지로 다양한 정책적 혜택을 제공받는다. 한국에서는 새만금단지가, 중국에서는 산둥성 옌타이와 장쑤성 옌청(鹽城) 그리고 광둥성 후이저우가 선정됐다.

2014년 7월 한중 정상회담에서 산업경제협력단지를 시범적으로 조성·운영하는 방안에 대해 양국이 함께 연구하며 추진하기로 합의했다. 그리고 2015년 6월 한중 FTA가 공식적으로 체결되면서 산업 협력의 상징으로 한중 FTA산업단지의 설치 및 운영이 추진되었다. 그 후 양국 간 교류가 잠시 주춤했지만 2017년 12월 문재인 대통령이 중국을 방문하고, 중국이 한중 FTA산업단지를 승인하면서 다시 본격적인 움직임을 보이고 있다.

2015년 2월 한중 FTA 가서명 이후 공개된 영문 협정문의 지방경제협력 관련 조항에서는 인천경제자유구역과 웨이하이시를 한중 FTA의 단일 시범 협력 지역으로 지정하고 있다. 그리고 공동 논의를 통해 한중 FTA의 무역, 투자, 서비스, 산업 협력 등의 사항을 두 지역에서 시범 사업으로 추진하며, 이를 검토해 양국 전체로 확대해 나간다는 내용이 담겨 있다. 인천시와 중국의 웨이하이시는 한중 FTA 시범도시로 2015년 7월 지방경제협력 강화에 합의했다. 이후 무역·전자상거래 확대, 의료·금융 분야 협력, 관광·문화·체육 교류 활성화 등 6대 분야 41개 과제에 대해 세부 협약 체결 및 시범 협력 사업을 추진하고 있다.

· 제2장 ·

좋은 사업 파트너, 조선족 동포

1992년 한중수교 후 한국 기업들이 중국 산둥성에 몰려들기 시작했다. 특히 웨이하이, 옌타이, 칭다오를 중심으로 노동력을 기반으로 한 제조업 회사들이 빠르게 진출했다. 당시 한국은 올림픽 개최 후 2차 산업에서 3차 산업으로 빠르게 전환되고 있었기 때문에 제조업 회사들에게 중국은 큰 기회의 땅이었다. 많은 기업들이 사전에 준비할 시간도 없이 앞다퉈 중국으로 들어갔다. 그런데 '언어'가 문제였다. 중국에 들어가 살 집을 알아보고 회사를 설립하고 공장을 짓는 등 중국에서 생활하고 기업을 경영하기 위해서는 말이 통해야 했다. 하지만 당시 중국어를 유창하게 할 수 있었던 기업인은 많지 않았다. 이때 큰 역할을 해 준 사람들이 바로 조선족 동포들이다. 그들은 한국 기업인 곁에서 통역을 해 주며 필요한 부분을 도왔다. 박상제 한중친선협회 중국지회장은 "수교 전후로 한국 기업이 보다 쉽게 중국에 진출할 수 있었던 것은 조선족 동포의 역할이 컸다. 조선족 동포가 있었기에 한국 기업들이 중국에서 빠르게 안착할 수 있었고 시간을 절약할 수 있었다"고 설명했다. 그는 또 "그만큼 사업을 빨리 시작할 수 있었기 때문에 더 많은 오더를 받아 물량을 수출할 수 있었다"고 덧붙였다.

한국 기업들이 산둥성으로 대거 진출하면서 조선족 동포들에게도 많은 일자리가 창출됐다. 또 동북에 있던 조선족 동포들이 연해 지역으로 삶의 현장을 옮기는 계기가 되었다. 2000년대 후반에는 많은 한국 기업들이 중국을 떠날 때 조선족 동포인 관리자에게 회사를 인계하고 큰 어려움 없이 귀국한 사례도 많다. 지금은 기술과 자금력을 기반으로 큰 기업을 경영하는 조선족 동포가 많다. 그래서 요즘에는 한국 기업과 함께 오더를 주고받으며 상생하고 있다. 조선족 동포에 대한 여러 의견이 있지만 중국 현지에서 만난 한국 기업인들은 조선족 동포에 대한 고마움과 함께 협력해야 할 대상으로 생각하는 이들이 많아 보였다.

제3장

중국 진출을 지원하는
한국 기관들

중국 현지에는 한국의 공공기관과 각 지자체 대표처들이 많이 나와 있다. 실질적인 도움을 받을 수 있는 부분도 많다. 중국 진출을 준비하며 생각하지 못한 부분이 있을 수 있으니 도움이 필요하다면 이러한 곳들을 적극 활용해 봐도 좋을 것이다.

코트라 칭다오무역관

① 경영 활동 자문 서비스

한국 기업들의 중국 내 경영 활동 지원을 위해 각 분야별 전문가 자문단을 운영해 의견 자문을 제공하고 있다.

1) 인사, 노무 및 경영관리 자문 지원

2) 세무 및 회계 관련 자문 지원

3) 중국 내 법인 설립의 일반적인 절차 안내

4) 기업의 법무 및 사업 정리 관련 자료 제공

5) 중국 내 일반적인 통관 및 지적재산권 등 기타 지원

② 국내 복귀 지원 제도

국내 복귀 기업으로 선정되면 구조조정 컨설팅 비용 지원, 세제 감면, 고용 지원, 입지 설비 보조금 지원 등 체계적이고 종합적인 지원을 받을 수 있다.

③ 지적재산권(IP) 보호 및 지원 사업

상표권, 특허권, 실용신안, 디자인 등 중국에 진출한 한국 기업들의 지적재산권이 중국 기업에 침해받는 사례가 다수 발생하고 있다. 이에 특허청과 코트라, 한국지식재산보호협회에서는 우리 기업의 지적재산권 보호를 위해 IP-Desk를 설립하여 운영 중이며 관련 사업을 진행하고 있다.

④ 한중 FTA 활용 방안 상담

한중 FTA 활용 방안, 원산지 발급 및 원산지 사후 관리, 상품 수출입 시 관세 혜택 부분, 물류 방안 구축 등에 관한 상담 서비스를 제공하고 있다.

문의 전화 : 0532) 8388-7931

칭다오중소기업지원센터
(중소기업진흥공단 칭다오대표처)

칭다오중소기업지원센터는 한중 중소기업 간 무역·투자·산업 협력 및

교류, 한국 투자 기업의 성공적인 정착과 성장을 지원하고 있다.

칭다오중소기업지원센터의 주요 업무는 다음과 같다.

① 한국 중소기업의 우수 상품을 홍보하는 전시관 운영

② 한중 무역 매칭 상담회 개최

③ 중국 주재원 사관학교의 CEO 과정 연수

④ 청년 창업가 해외 멘토링 프로그램 실시

⑤ 중국 진출 기업의 현지화 지원 및 방문 기업인 활동 지원

등등 중국 진출을 위한 지원을 여러 가지 하고 있다. 도움이 필요하다면 바로 전화해서 문의해 보면 된다.

문의 전화 : 0532) 8579-3240

한국농수산식품유통공사 칭다오법인 (aT 칭다오물류센터)

한국농수산식품유통공사는 보통 'aT'라고 불리는 곳이다. 이곳은 한국 농식품의 중국 수출을 지원하는 기관으로 농식품 관련 업체들은 이곳에서 많은 도움을 받을 수 있다.

① 농식품 해외 공동물류센터 지원 사업

수출 경쟁력 강화 및 시장 진출 확대를 위한 수출 농식품의 해외 물류 기반 구축을 지원한다. 또 냉동·냉장 물류 인프라를 확보해 물류 서비스를 제공하고 있다.

② 중국 콜드체인 구축 사업

농식품 냉동·냉장 물류 인프라 구축이 아직 미흡한 중국에서의 운송망 구축 지원을 통해 한국산 냉동·냉장 식품의 시장 개척을 돕는다. 또 중국 시장에서 성장 가능성이 큰 한국산 냉동·냉장 식품을 수입하는 업체의 운송비를 지원하고 있다.

③ 수산식품 해외 공동물류센터 지원 사업

수출 경쟁력 강화 및 시장 진출 확대, 물류 효율화를 통한 가격 경쟁력 제고 및 소량 주문 적기 대응을 위한 수출 수산식품의 해외 물류 기반 구축을 지원한다.

④ 현지화 지원 사업

농수산식품 수출업체 바이어가 통관 등의 수출입 과정에서 부딪히는 비관세 장벽 애로 해소와 원활한 수출 여건 조성을 통해 수출 확대 기반을 마련하는 사업을 진행하고 있다.

문의 전화 : 0532) 6696-2229

수협 웨이하이법인

수협은 나날이 확대되고 있는 중국과의 수산물 교역을 더욱 활성화함으로써 양국 수산업 발전에 기여하고자 중국에 법인을 설립했다. 수협의 웨이하이법인은 중국인들에게 우수하고 엄선된 품질의 한국 수산식품을 널리 공급해 나갈 계획이다. 주요 업무는 다음과 같다.

① 수입 사업

한국의 안전하고 우수한 수산식품을 직수입하여 중국인들에게 공급하는 역할을 하고 있다.

② 수출 사업

한국에서 필요로 하는 어업용 사료 및 기자재 등을 중국 현지에서 한국으로 수출한다.

③ 유통 사업

중국의 우수 유통업체와 협력해 온·오프라인 마케팅 활동을 펼침으로써 한국의 수산식품을 홍보하고 판로 확대 및 소비 촉진을 유도하고 있다.

④ 한중 수산업 협력

중국의 주요 수산업 관련 정부기관 및 업체와 협력해 양국 수산업 발전에 기여하고자 한다.

문의 전화 : 0631) 590-2381

· 제4장 ·

세계 대학 순위권에서의 중국 대학교

영국의 대학평가기관인 타임스고등교육(THE)이 발표한 제14회 세계 대학 순위에 따르면 베이징대학교가 27위, 칭화대학교가 30위에 이름을 올렸다. 홍콩대학교는 40위, 홍콩과학기술대학교는 44위, 홍콩중문대학교는 58위다. 100위권 내에 5곳의 대학이 중국계인 셈이다. 또 푸단대학교가 116위, 홍콩청스대학교가 119위, 중국과학기술대학교가 132위, 난징대학교가 169위, 저장대학교가 177위, 홍콩이공대학교가 182위, 상하이교통대학교가 188위를 기록했다. 순위에는 77개국의 1000개 대학이 포함되어 있으며, 중국의 대학은 모두 66개가 순위권 안에 들었다.

2017년 THE 세계 대학 순위에서 1위를 차지한 대학은 2016년에 이어 영국의 옥스퍼드대학교다. 2위는 케임브리지대학교였다. 2015년까지 6년 연속 1위 자리를 지키던 미국의 캘리포니아공과대학교는 2017년 3위로 내려앉았다. 스탠퍼드대학교가 공동 3위였고, 매사추세츠공과대학교(MIT)가 5위, 하버드대학교가 6위, 프린스턴대학교가 7위, 임페리얼칼리

지린던이 8위, 시카고대학교가 9위, 펜실베니아대학교가 10위였다. 우리나라의 경우 서울대학교가 74위를 차지했고, 한국과학기술원(KAIST)이 95위, 성균관대학교가 111위, 포항공과대학교(포스텍)가 137위로 그 뒤를 이었다.

두둥! 시진핑 주석 집권 2기 시작

지난 3월 중국 양회가 폐막하며 본격적인 시진핑 주석의 집권 2기가 시작됐다. 이번 양회는 지난 5년의 성과를 자축하고, 시진핑을 핵심으로 하는 공산당의 지도 아래 중국이 더 나은 미래로 나아갈 수 있음을 대외적으로 과시한 자리였다.

양회는 중국에서 매년 3월 열리는 행사로 전국인민대표대회(이하 전인대)와 전국인민정치협상회의(이하 정협)를 통칭하는 용어다. 양회를 통해 중국 정부의 운영 방침이 정해지기 때문에 매년 중국 최대의 정치 행사로 주목받고 있다. 전인대는 헌법에 규정된 국가 최고 권력기관으로 법률을 제정하고 국가 주석과 부주석, 국무원 총리 등의 선출 및 파면, 국가 예산과 예산의 집행 상황에 대한 심의 및 비준 등의 역할을 한다. 전인대를 통해 중국 정부의 정치 및 경제에 관한 운영 방침이 결정된다. 정협은 중국의 최고 정책자문기구이다. 국정 방침에 대한 토의에 참여해 제안 및 비판의 기능을 수행하지만 정책을 결정하는 기구가 아니기 때문에 영향력은 전인대보다 낮다는 평가를 받는다.

2018년은 중국 개혁개방 40주년의 해다. 이번 양회에서는 개혁과 산업에 대한 정책이 쏟아져 나왔다. 이에 따라 중국은 정부의 강력한 지도하에 개혁 발전이 더욱 공고해질 것으로 예상된다. 그리고 이번 양회에서 나온 밑그림은 향후 중국 정치·경제 분야에 큰 영향을 미칠 것으로 분석된다. 2017년은 경제성장에 방점을 두었다면 2018년은 국내총생산(GDP) 수치보다는 질적인 성장을 강조하면서 개혁과 경제구조 조정에 집중하고 있다. 특히 금융리스크 방어, 빈곤 구제, 환경오염 방지 등을 중점으로 민생 개선을 강조했다.

양회를 통해 주목해야 할 유망 산업 역시 떠오르고 있다. 리커창 총리는 "환경오염을 억제해 양호한 생태 환경을 후대에 물려줘야 한다"며 아름다운 중국 건설을 강조했다. 이를 위해 동북 지역의 석탄 발전을 전기·가스 발전으로 교체하고 친환경 자동차의 구매세 면제 기간을 연장하는 등 구체적인 계획을 발표했다. 또 중국 정부는 빈곤 퇴치, 신농촌 건설과 신형 도시화 건설을 위해 막대한 자금을 투자하기로 했다. 이런 현대화 가속 정책은 건설, 기계 등의 관련 업체들이 크게 성장할 수 있는 기회가 될 수 있다. 한편 양로·의료 서비스, 즉 건강산업은 중국에서 황금알을 낳는 산업이 될 것으로 부각되고 있다. 중국은 의료 서비스 개선, 의료보험 보장 강화 등을 위한 다양한 계획과 정책을 발표했다. 이에 따라 중국에서 의료 제품, 헬스케어, 영양식품, 의료 기계, 건강관리 등의 산업 규모는 지속적으로 크게 성장할 것으로 보인다. 중국의 산업구조에서 서비스업 비중 역시 크게 늘어나고 있다. 중국은 현재 세계 2위의 서비스 수입국이기도 하다. 그러나 우리 기업의 대중국 투자에서 서비스업 부문 비중은 20% 수준에 그친 상황이다. 이를 위해 한중 서비스산업 협력을 적극 추진해야 한다.

2018년 전인대 폐막식 후 리커창 총리가 한정, 쑨춘란, 후춘화, 류허 등 4명의 부총리와 함께 국내외 기자들 앞에 나섰다. 전인대에서 결정된 내용을 바탕으로 각종 이슈에 대한 중국의 입장과 견지 방향을 구체적으로 설명하기 위해서다. 리 총리는 기존의 정책기조를 유지하며 계속 전진할 뜻을 밝혔다. 중국의 경제성장과 관련해서는 인터넷 플러스 전략을 언급했다. 인터넷 플러스는 기존의 산업에 IT 등 첨단기술을 접목해 산업 선진화와 스마트화를 추진하는 중국의 발전 전략 중 하나다. 인터넷 플러스 등으로 경제 경착륙을 피하고 혁신 역량을 확충한다며 기업에 대한 A주 상장 문턱을 낮춘 것처럼 새로운 조치가 필요한 시점이라고 말했다. 또 금융 리스크 방지와 해소는 물론 취업 안정을 자신했다. 중국 개방의 문은 계속 열릴 것이라며 경제 세계화에 계속 동참할 뜻도 시사했다.

이번 양회를 통해 시 주석이 내부적으로 1인 권력 체제를 보다 공고히하고, 자신의 사람을 요직에 배치해 전방위적인 영향력을 확보했다는 평가가 나온다. 중국의 안정적인 경제성장 유지, 군사력 강화 등을 천명하고 시진핑 사상을 포함, 3연임 제한 조항을 삭제한 개헌안으로 장기 집권의 발판도 마련했다. 인선에 있어서는 왕치산 전 기율위 서기가 막강한 권한을 가진 부주석으로 복귀했다. 시 주석의 오랜 친구이자 경제 책사인 류허 중앙재경영도소조판공실 부주임이 부총리와 함께 신설된 금융안정발전위원회 주임을 맡은 것도 눈에 띈다. 류허의 급부상으로 리커창 총리의 입지가 좁아졌다는 평가가 나온다. 군대도 시 주석의 측근이 장악했다. 막강한 권력 기반을 다진 시 주석의 반부패 활동도 계속된다. 자오러지 기율위서기를 필두로 국가감찰위원회를 맡은 양샤오두가 반부패 사정 작업을 주도할 예정이다.

국무원은 20년 만에 최대로 개편됐다. 부처 개편에 따라 국무원 장관급 부처는 8개, 차관급 부처는 7개가 감소됐으며 퇴역군인사무부, 응급관리부 2개 부처가 신설됐다. 관공청을 제외한 국무원 부처는 이제 26개이다. 국토자원부, 환경보호부, 농업부, 문화부는 각각 생태환경부, 농업농촌부, 문화여유부, 국가위생건강위원회로 조정됐다. 또 국무원 산하의 감찰부를 폐지하고, 국무원과 동급인 헌법상 별도 기구 국가감찰위원회를 신설했다. 국가감찰위원회는 사실상 당 산하의 중앙기율검사위원회의 영향을 받을 것으로 예상되고 있어, 공산당의 총체적인 지휘하에 반부패 강화와 시진핑 주석의 절대권력 구축에 활용될 것으로 보인다. 시진핑 집권 이후 '당이 모든 것을 영도한다'는 원칙에 따라 중국의 경제, 사회, 외교 전반에 대한 당의 통제가 강화되고 있다. 국무원 주요 기능이 당 산하 위원회 등으로 이관되면서 국무원 기능은 더욱 약화될 것으로 분석된다.

자료원: 코트라, 두산백과, 《신화망》, 《인민일보》, 《아주경제》

참고 문헌

* 모든 기사는 ≪아주경제≫를 참고하였다.

2015. 12. 17. "마윈의 고객최우선경영… '고객이 부모라면 주주는 외삼촌'".

2015. 12. 20. "마윈 리더십 '형편없는 직원은 없다… 형편없는 리더만 있을 뿐'".

2015. 12. 21. "중국 인터넷 왕 마윈, 큰 성공은 가슴 속 작은 신념에서부터".

2015. 12. 22. "마윈의 오뚜기 맷집 경영 '오냐, 내가 또 한 번 견뎌내 주마'".

2015. 12. 27. "마흔의 레이쥔 '애플' 뛰어넘고 '잡스' 극복하다".

2015. 12. 28. "시대를 지배했던 프로그래머 레이쥔, IT에서 성공의 길을 찾다".

2015. 12. 29. "킹소프트의 비상과 레이쥔의 몰락, 또 다른 성공을 위한 '갈림길'".

2015. 12. 30. "시작된 레이쥔 성공시대 '샤오미만의 생태계를 구축하라'".

2015. 12. 31. "레이쥔의 야심 '누구보다 싸게 팔지만 누구에게도 뒤처지지 않는다'".

2016. 1. 3. "레이쥔의 마지막 도전, 스마트폰 넘어 사물인터넷 제국 꿈꾼다"

2016. 1. 4. "'망상가' 런정페이 화웨이 회장, 망상으로 치부되던 꿈 현실로 만들다".

2016. 1. 5. "알리바바의 '크레이지 잭', '내일이면 온 세상이 우리를 알 겁니다'".

2016. 1. 5. "20년간 한 번도 꺼지지 않은 런정페이 화웨이 회장의 휴대폰"

2016. 1. 6. "늑대처럼 뭉치고 싸우는 런정페이의 '늑대문화'".

2016. 1. 7. "런정페이 초대 위기이자 기회였던".

2016. 1. 10. "늑대에서 사자로 세계 중심에 선 화웨이… '봄날의 강물이 동쪽으로'".

2016. 1. 18. "자수성가의 표본 '리옌훙' 그는 누구인가".

2016. 1. 25. "인터넷 대통령 마화텅, 펭귄제국 건설하다".

2016. 1. 26. "인터넷시장 정복한 'QQ·위챗 대부' 마화텅… 성공요인은 '창조적인 모방'".

2016. 1. 27. "마화텅 '만리장성은 좁다'…공격적인 M&A로 新생태계 구축".

2016. 1. 28. "마화텅이 내놓은 인터넷 플러스 혁명… 중국 'ICT굴기' 야심으로".

2016. 1. 31. "마화텅의 '펭귄', 또 한 번 날아오를까".

2016. 9. 26. "대부호 집결, 중국 재계 4대 패밀리".

2017. 6. 17. "알리바바 물류제국에 반기 든 업계 1위 자신감… 순펑택배".

2017. 6. 22. "영어 콘텐츠 유아 화장품 캐릭터… '중국 시장 선점'에 잰걸음".

2017. 6. 22. "유아 산업".

2017. 6. 22. "중국 신생아 늘며 영유아 관련 앱 인기… 진입 장벽 낮아 한국 기업에 유리".

2017. 6. 29. "도농간 양로원 입주율 격차… 외국인엔 시장 전면 개방".

2017. 6. 29. "실버산업".

2017. 7. 6. "프랜차이즈 편의점".

2017. 7. 11. "삼성·LG디스플레이 위협하는 차이나파워, 징둥팡(BOE)".

2017. 7. 15. "세계 스마트헬스 산업의 미래".

2017. 7. 15. "스마트헬스 산업".

2017. 7. 17. "'핀테크' 기업으로 변신 중인 중국 평안보험".

2017. 8. 3. "중국 대부분 지역 출산휴가 늘었다, 최대 158일".

2017. 8. 5. "중국창업열풍 배경은".

2017. 9. 6. "베이징대 칭화대 세계대학 30위권 진입".

2017. 9. 7. "팽창하는 중국 항공기 시장… '20년 후 7240대 여객기 수요 예상'".

2017. 9. 8. "신조어를 보면 중국이 보인다".

2017. 9. 26. "중국디젤 휘발유 차 퇴출 최대 수혜자 - 비야디".

2017. 10. 3. "'AI가 추천한 뉴스'하루 6000만 명 찾는 중국 1위 뉴스포털앱".

2017. 10. 7. "키워드를 알면 '일대일로'가 보인다".

2017. 10. 7. "SUV 열풍, 5년은 간다… '지프' 노리는 창청자동차".

2017. 11. 9. "중국서 뜨는 '싱글족 산업'".

2017. 11. 9. "중국은 '싱글대국'".

2017. 11. 9. "키워드로 읽는 시진핑 2기 유망산업".

2017. 11. 15. "대세는 AI… 중국 상하이 2020년 AI산업 '1000억 위안' 목표".

2017. 11. 15. "알리바바·텐센트의 데이터 중국 대륙을 사로잡다".

2017. 11. 16. "중국 마오타이·텐센트, 주가 뿐 아니라 브랜드 가치도 '쑥쑥'".

2017. 11. 17. "중국 환경오염, 소비를 바꾸다".

2017. 11. 17. "중국 국민 마스크팩 '위자후이' IPO 재도전".

2017. 11. 17. "한국 대표 마스크팩'메디힐' 중국 시장 1위 자리 노린다".

2017. 11. 17. "환경오염 대국 중국의 '스모그 경제'".

2018. 1. 5. "빈곤탈피·환경개선… 모두 잘사는 사회 만들기".